Gerti Maier

Österreichisch Kochen

ISBN: 978-3-902540-85-0

www.freya.at
Layout: Tanja Bachner
Illustrationen/Cover: Tanja Bachner
printed in EU

Gerti Maier

ÖSTERREICHISCH KOCHEN

Inhalt

Einleitung

Menüs

Themenwochen

Rezepte Register

An die Töpfe, fertig, los!

Die Rezepte in diesem Buch zeigen, wie sich „Gesundheit" in der Küche verwirklichen lässt. Für ideenreiche und fantasievolle „gesunde" Schulküche erhielt die Autorin den Landespreis für gesunde Ernährung des Landes OÖ.

Jedes einzelne Menü ist erprobt und von vielen Kindern „positiv" getestet. Die Mengenangaben sind jeweils für 10 und für 4 Personen berechnet. So kann nicht nur in einer Großküche, sondern auch im kleinen Haushalt mit Heranwachsenden problemlos nachgekocht werden.

Abwechslungsreich, schmackhaft und trotzdem preiswert Kochen ist eine Frage der Auswahl der Lebensmittel. Die Menüs bestehen aus gut aufeinander abgestimmten Speisen, welche die bei uns wachsenden Produkte der Saison berücksichtigen. Kein einziges Lebensmittel kann alle von einem Kind oder Erwachsenen benötigten Nährstoffe allein liefern. Deshalb liegt der „Schlüssel" zur guten Versorgung immer in der Auswahl und Kombination. Die Bedürfnisse an Nährstoffen sind in den Rezepten berücksichtigt.

Grundnahrungsmittel

In den Rezepten dieses Kochbuches werden bis auf wenige Ausnahmen, wie zum Beispiel Banane, Orange oder ein paar Gewürze, nur heimische Produkte verwendet. Alle Grundnahrungsmittel werden in ausreichender Menge in unserem Land erzeugt. Um gesund zu essen und gesund zu bleiben, reicht meist das heimische Angebot und die Südfrüchte unserer Nachbarn.

Für die Genussküche sind jahreszeitlich angebotene Lebensmittel absolut ideal. Saisonobst und Saisongemüse sind natürlich gereift und enthalten mehr Aromastoffe als manches weit angereiste aus fernen Ländern. Doch hat gesunde Ernährung gar nichts mit Verzicht zu tun. Im Gegenteil: Wie geschmacklos präsentieren sich Erdbeeren im Winter und wie süß und vollmundig sind sie bei uns im Juni und Juli. Die ersten frischen Erdäpfel mit Kräutern und Topfen sind ein Genuss, den sündteure Speisen oft gar nicht vermitteln können.

Die neue Ernährungspyramide

Für die Auswahl, Zusammensetzung und Zubereitung abwechslungsreicher Ernährung, wie sie auch in diesem Buch beschrieben ist, gibt es Grundregeln, die von der Österreichischen und Deutschen Gesellschaft für Ernährung empfohlen werden.

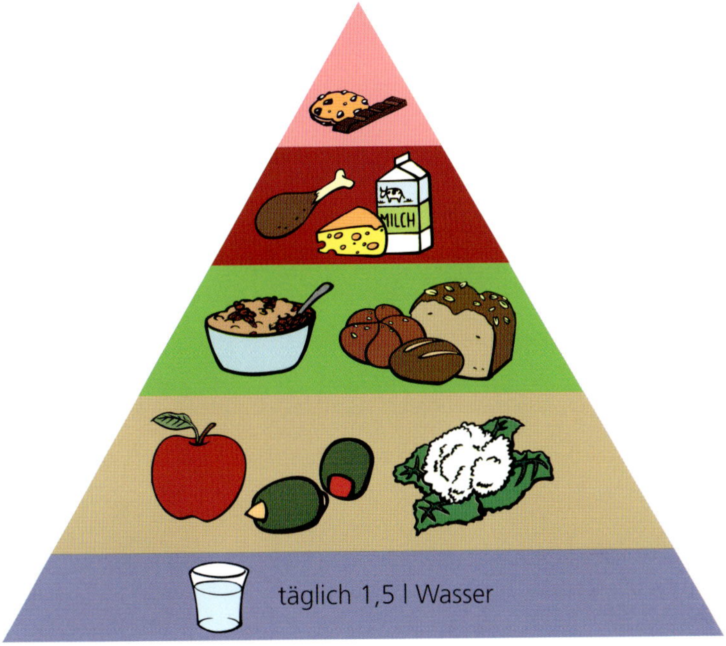

Täglich: wenig, aber hochwertiges Fett. Zirka 1 bis 2 Esslöffel Butter (Aufstrich oder zum Kochen) und 1 bis 2 Esslöffel hochwertiges Öl (zum Kochen oder Salat), z. B. Olivenöl, Rapsöl.
Süßes: so wenig wie möglich, die geduldete Menge ist 1 Portion = 1 Hand voll

Täglich: fettarme Milchprodukte, z. B. ¼ l Milch, 1 Becher Joghurt oder 60 g Käse = 2 Scheiben)

Täglich: reichlich Getreideprodukte (Vollkorn), das sind 4 bis 6 Scheiben Brot +
200 bis 250 g gekochte Nudeln oder
150 bis 180 g gekochter Vollreis oder
¼ kg gekochte Kartoffeln

Täglich: mindestens 2 Portionen Obst (250 g)

Täglich: mindestens 3 Portionen Gemüse (400 g)

Täglich: mindestens 1 bis 2 l Getränke, das meiste davon normales Wasser, aber auch Frucht- und Obstsäfte

Häufig: Hülsenfrüchte

Wöchentlich:
1 Portion fettarmer Fisch (80 bis 150 g)
1 Portion fettreicher Fisch (70 g)
2 bis 3 Portionen Fleisch (je 80 bis 100 g)
2 bis 3 Portionen Wurst (je 80 bis 100 g)
3 Eier

Die Küche als Apotheke aus der Natur

Reichlich pflanzliche Lebensmittel essen, sie enthalten wenig oder gar kein Fett. Die Ausnahmen sind Avocados und Nüsse, die aber wegen ihrer wertvollen Inhaltsstoffe trotzdem einbezogen werden sollten.

Klare Suppen kann man immer auf Vorrat kochen und einfrieren. Mit frischen Kräutern und fettarmer Suppeneinlage, z. B. fein geschnittenem Gemüse, hat man so immer eine warme Mahlzeit.

Selbstgekochte Speisen aus frischen Lebensmitteln sind zu bevorzugen. Fertiggerichte, Fertigsuppen oder Fertigsoßen enthalten zum Teil ziemlich viel Fett, was nicht verwundert, ist Fett doch ein hervorragender Geschmacksträger. Fett muss auf der Verpackung vermerkt sein, also auch das Kleingedruckte lesen.

Fettarme oder magere Fleischteile, Geflügelarten, Wurst, Milch oder Milcherzeugnisse einkaufen.

Wer auf sein Brot Wurst oder Käse gibt, kommt ohne Streichfett aus. Man kann statt der Butter etwas Frischkäse, Senf oder Topfen nehmen.

Butter als Streichfett nur weich verwenden, denn man braucht weniger davon und kann sparsamer dosieren als bei harter Butter.

Bei Fisch, Fleisch und Geflügel die fettreiche Haut oder Kruste wegschneiden, bei einem Schinkenaufschnitt den Fettrand. Nicht die Fleischsorte sondern die Qualität ist bei der Auswahl entscheidend. Die besten Teile sind Lungenbraten, Schnitzelfleisch, Schulter.

Vegetarischer Brotbelag aus Tomaten-, Gurken- oder Radieschenscheiben ersetzt fettreiche Wurst und schmeckt wunderbar.

Bei Gemüse kräftig zugreifen und mindestens 250 bis 400 g pro Tag essen, zum Teil auch roh, als Salat.

Beilagen sollten die Hauptrolle spielen. 1 Portion Kartoffeln besteht aus 4 bis 5 Stück, 1 Portion Nudeln (= ca. 80 g roh) oder 1 Portion Reis (ca. 60 g roh) pro Tag.

Mindestens 2 l energiearme Flüssigkeit pro Tag trinken: stilles Mineralwasser, Leitungswasser, Früchte- oder Kräutertee, stark verdünnte Fruchtsäfte aus 100 % Frucht, Molkegetränke.

2 große Stücke Obst pro Tag sind Pflicht, diese fruchtige Vitaminspritze braucht jeder Körper.

Beim Kochen Fett sparen

Die Speisen dämpfen, dünsten oder grillen. Spezielle Edelstahltöpfe, beschichtete Pfannen oder Grillpfannen helfen beim Fett sparen. Gemüse, Fisch und Fleisch garen auch in einer Folie und ganz ohne Fett.

Salatsoßen mit wenig kalt gepresstem Öl, dafür mit Joghurt, Topfen oder Buttermilch zubereiten. Salat sollte bei keiner Mahlzeit fehlen, die im Handel üblichen Salatdressings durch eigene Sauermilchdressings ersetzen. Pro Person ist 1 TL Öl ausreichend. Mit frischer Kresse, Schnittlauch, Kräutern, Sonnenblumen- und Kürbiskernen bestreut wird der Salat schmackhafter und wertvoller.

Braten- oder Gemüsefonds mit püriertem Gemüse oder geriebenen rohen Kartoffeln binden. Alternativen zu Creme fraiche, Sauerrahm und Schlagobers sind cremig gerührtes Joghurt, Sauermilch oder Buttermilch.

Rahmsoßen oder Aufläufe schmecken genau so gut, wenn die benötigte Schlagobersmenge zur Hälfte durch Milch ersetzt wird.

Wenn Suppen oder Soßen kalt werden, kann man das Fett von der Oberfläche abschöpfen und hat dann die fettreduzierte Variante.

Backpapier auf dem Backblech oder in der Tortenform erspart das Einfetten und Kalorien.

Cremespeisen, die weniger Fett enthalten sollen, bindet man mit Gelatine. Für Pudding, Creme-, Joghurt- oder Topfenspeisen fettarme Milch, fettarmen Joghurt oder Magertopfen verwenden.

Tipps zum Sattwerden

Wer zwischendurch Hunger bekommt, ist mit kohlenhydratreichen Snacks wie Müsli oder Vollkornbrot bestens versorgt. Sie machen besser und länger satt als Fettes und Süßes.

Vor dem Essen ein großes Glas Wasser trinken oder eine große Portion Rohkost oder Salat essen.

Auf dem Teller sollte der größte Teil aus Kartoffeln, Naturreis, Nudeln, Getreidelaibchen und Gemüse bestehen, also aus stärke- und ballaststoffreichen Produkten.

In den Mittelmeerländern macht man es uns vor: Hier wird zum Hauptgang viel Brot ohne Belag gegessen.

Mindestens 20 Minuten lang essen. Jeden Bissen im Mund bewusst spüren. Öfter das Besteck beiseite legen und inne halten. Langsames Essen dient auch der guten Verdauung.

Es hat heute wenig mit „Anstand" zu tun, wenn man den Teller leer isst. Wer satt ist, kann überall, selbst bei Einladungen, etwas stehen lassen. Wer keinen Hunger mehr hat, sollte auch nicht mehr weiteressen müssen, das gilt für Erwachsene, aber natürlich auch für Kinder.

Wer satt ist, kann auf das Dessert verzichten. Die Mahlzeit lieber mit einem Getränk oder einer Tasse Tee beschließen.

Günstige Nahrungsmittel für Kinder, Schulkinder und Eltern

Brot und Backwaren:

Alle Brotsorten, vor allem aber dunkles Brot, Vollkorn- und Schrotbrote, Pumpernickel, Grahamweckerl, Vollkorntoast, Vollkornknäckebrot

Beilagen:

Vollkorn-Teigwaren, Vollkornreis, Ebly-Weizen, Polenta, Knödel, Nockerl (jeweils ohne Fettzugabe), Salzkartoffeln, Petersilkartoffeln, Püree, Kartoffelknödel, in der Schale gekochte Kartoffeln, Kartoffelsalat mit wenig Öl

Frühstück:

Getreideflocken aus Hirse, Weizen, Roggen Hafer, etc, Vollkorngrieß, ungezuckerte Müsliflocken, ungezuckerte Cornflakes

Gemüse, Hülsenfrüchte:

Jede Art, bevorzugt natur und fettlos zubereitet, eventuell mit Kartoffeln gebunden oder gestaubt. Salat jede Art, Blatt-, Tomaten-, Gurken-, Karottensalat mit wenig Öl

Obst:

Über den Tag verteilt vor allem folgende Sorten: Apfel, Birne, alle Arten von Beeren und essbaren Wildbeeren, Pfirsich, Marille, Melone, Ringlotte, Zwetschke, Zitrusfrüchte, Banane, Kiwi

Milch und Milchprodukte:

Sauermilch, Acidophilusmilch, Kefir, Joghurt, Magermilch, Joghurt, Buttermilch, Käse bis max. 35% F.i.T, magerer Topfen, Frischkäse bis 20 % Fett, Hüttenkäse

Getränke:
Leitungs- und stilles Mineralwasser, Vitaminsäfte und Obstsäfte mit Wasser verdünnt, Kräuter- und Früchtetees

Fleisch, Geflügel, Fisch:
Maximal 100 bis 120 g mageres Rind-, Kalb- oder Schweinefleisch, Wild, Hase, Huhn, Pute (jeweils ohne Haut),magerer Fisch wie Scholle, Kabeljau, Seelachs, Seezunge, Forelle, Zander, jeweils gedünstet, gegrillt oder gekocht. Fette Fische wie Thunfisch, Hering und Makrele in eigenem Saft oder Gemüse

Wurstwaren, Pasteten:
Schinkenwurst, Putenwurst, Puten- oder Rinderfrankfurter, magerer Schinken vom Schwein, Rind oder Pute, Kalbfleisch- oder Putenpastete

Eier:
Gekochtes Ei, Eierspeise, Omelette, Spiegelei (fettarm)

Fette:
Kleine Mengen Butter, alle Arten von kalt gepressten Ölen, kleine Mengen

Biostoffe

Menschen sind in jeder Phase ihres Lebens darauf angewiesen, eine Vielzahl von Nährstoffen aus ihrer Umgebung aufzunehmen, ohne die ihr Körper nicht existieren kann. Dies war in den vergangenen Jahrhunderten nur dann ein Thema, wenn es einfach zu wenig zum Essen gab, was häufig vorkam. Das, was früher wuchs, war schadstoffarm, prall mit Vitaminen und anderen Nährstoffen ausgestattet und deshalb gesund.

Heute verhungern wie quasi vor vollen Schüsseln. Noch nie gab es ein so reiches Angebot wie heute, trotzdem ist Mangelernährung weit verbreitet. In vielen Familien wird nicht mehr täglich gekocht und wenn, dann sind es Fertigprodukte wie z. B. Pizzas oder Pommes frites.

Bei allem, was in unserem Körper geschieht, ist Eiweiß notwendig. Dieses Eiweiß besteht aus rund 20 Eiweißbausteinen, den Aminosäuren. Aus Wasser, Eiweiß und einigen weiteren Nährstoffen stellt jeder Mensch seine Zellen her, und zwar jeden Tag, immer wieder aufs Neue. Zellen nützen sich ab, sie müssen erneuert werden, wieder neu gebaut.

Das ist aber nur möglich, wenn die verschiedenen Eiweißbaustoffe, die Aminosäuren, genügend Mineralstoffe, Spurenelemente und Vitamine zur Verfügung haben. Erst durch diese Enzyme fügen sich die Proteine im Zellstoffwechsel zu einem Ganzen zusammen und ergeben die verschiedenen Körperzellen. Eine Gehirnzelle zum Beispiel, oder eine Zelle für die Leber oder für das Bindegewebe.

Oft ist es der Mangel an einem einzigen Vitamin oder einem einzige Spurenelement, der dazu führt, dass der Zellstoffwechsel nicht funktioniert. Nach einer kerngesunden Mahlzeit aber kommt eine Flut von Biostoffen in unser System und die reagieren mit Volldampf. Vitamine und Mineralstoffe haben also eine ganz besondere Aufgabe. Ohne sie verdorrt jeder Mensch wie ein Baum ohne Wasser. Dies gilt in besonderer Weise für Kinder, die sich noch im Aufbau befinden.

Die Körperzellen sind ganz schön anspruchsvoll. Sie verlangen ihre Portionen Vitamine und andere Enzyme nicht nur einmal im Monat sondern täglich! Für spezielle Vitamine hat sich unser Körper sogar ein besonderes System ausgedacht, damit er möglichst schnell dazu kommt. Vitamin C beispielsweise wird bereits in der Mundschleimhaut aufgenommen, damit es sofort zur Verfügung steht. Andere Vitamine werden im Eilzugsverfahren aus dem Darm heraus gelöst und viel schneller als z. B. Mineralstoffe, an die Zellen verschickt.

Es ist also absolut erforderlich, für den täglichen Nachschub in Form von selbst gekochter, gesunder Nahrung zu sorgen. Bei den nachfolgenden Rezepten und Menüs werden nicht nur die kulinarischen Bedürfnisse voll abgedeckt, es kommt auch der Stoffwechsel von Kindern und ihrer ganzen Familie auf Trab. Die Menüs enthalten alles, was kleiner oder großer „Mensch“ zum Leben braucht.

Was Kind und Eltern täglich brauchen

Das braucht ein Kindergartenkind (3 bis 6 Jahre) täglich

Flüssigkeit:	etwa 800 ml bis 1 l
Gemüse:	mindestens 170 g, z. B. 1 Paprikaschote, 3 kleine Karotten
Obst:	mindestens 170 g, 2 Hand voll Obst, z. B. 1 kleiner Apfel, 1 kleine Banane, einige Beeren, 1 bis 2 Marillen
Brot, Getreideflocken:	etwa 170 g, z. B. 1 dicke Scheiben Mischbrot
Kartoffeln, Nudeln, Reis, Getreide:	etwa 130 g, z. B. 1 kleine Portion Reis
Milchprodukte:	etwa 350 ml Milch oder 1 Becher Joghurt und 1 Scheibe Schnittkäse (entspricht 200 ml Milch)
Fleisch, Wurst:	3 Portionen pro Woche, 1 Portion mit etwa 80 g = 1 Hähnchenkeule und 3 Portionen Wurst oder Schinken pro Woche, 1 Portion = 2 Scheiben Wurst oder 1 Scheibe Schinken
Fisch:	1 Portion Seefisch pro Woche = 100 g
Fett:	täglich 1 bis 2 EL Bio-Butter oder hochwertiges, kalt gepresstes Öl = 25 g
Eier:	2 pro Woche
Geduldete Süßigkeiten oder Torten, Kuchen:	höchstens 40 g pro Tag

Das braucht ein Grundschulkind (6 bis 10 Jahre) täglich

Flüssigkeit:	1 l
Gemüse:	mindestens 200 g, z. B. 1 Paprikaschote, 2 Karotten, 1 Tomate
Obst:	mindestens 200 g, 3 Hand voll Obst, z. B. 1 großer Apfel, 1 Banane, einige Beeren, 1 bis 2 Stück kleineres Obst
Brot, Getreideflocken:	etwa 200 g, z. B. 2 Scheiben Brot
Kartoffeln, Nudeln, Reis, Getreide:	etwa 150 g, z. B. einige EL Nudeln
Milchprodukte:	etwa 400 ml Milch oder 1 Becher Joghurt und 1 Scheibe Schnittkäse (entspricht 200 ml Milch)
Fleisch, Wurst:	3 Portionen pro Woche, 1 Portion mit etwa 100 g = 1 kleines Schnitzel und 3 Portionen Wurst oder Schinken pro Woche, 1 Portion = 2 Scheiben Wurst oder 1 Scheibe Schinken
Fisch:	1 Portion Seefisch pro Woche = 150 g
Fett:	täglich 2 bis 3 EL Fett, das sind 1 EL Bio-Butter als Streichfett, 1 EL hochwertiges, kalt gepresstes Öl für Salatsoßen, bis 1 EL Fett zum Kochen und Braten
Eier:	2 pro Woche
Süßigkeiten:	höchstens 60 g pro Tag

Das braucht ein Schulkind (11 bis 14 Jahre) täglich
(Zirka-Angaben, Mädchen brauchen etwas weniger, wie Buben)

Flüssigkeit:	1 ½ l
Gemüse:	mindestens 260 bis 300 g, z. B. 1 Portion Salat, 1 Paprikaschote, 1 Karotte, 1 Tomate
Obst:	mindestens 260 bis 300 g, 3 Hand voll Obst, z. B. 2 Äpfel, 1 Banane, einige Beeren, 1 bis 2 Stück kleineres Obst
Brot, Getreideflocken:	etwa 250 bis 300 g, z. B. Müsli + 2 Scheiben Brot
Kartoffeln, Nudeln, Reis, Getreide:	etwa 200 bis 250 g
Milchprodukte:	etwa 420 bis 450 ml Milch oder 1 Becher Joghurt und 2 Scheibe Schnittkäse (entspricht 400 ml Milch)
Fleisch, Wurst:	60 bis 75 g pro Tag, das sind 3 größere Portionen pro Woche und 3 mäßige Portionen Wurst oder Schinken pro Woche
Fisch:	2 Portionen Fisch pro Woche = 180 bis 200 g
Fett:	täglich 35 bis 40 g, das sind 4 EL Butter oder hochwertiges Öl als Streichfett und zum Kochen/Salate
Eier:	2 bis 3 pro Woche
Süßigkeiten:	höchstens 70 bis 90 g pro Tag

Das braucht ein Jugendlicher (ab 14) und Erwachsener täglich
(Zirka-Angaben, Frauen brauchen weniger wie Männer, in höherem Alter sinkt der Nährstoffbedarf wiederum ab)

Flüssigkeit:	1 ½ l, besser mehr
Gemüse:	mindestens 300 bis 350 g, z. B. 1 Portion Salat, 2 Portionen unterschiedliches Gemüse
Obst:	300 bis 350 g, mindestens 2 Portionen Obstsalat oder beliebiges Obst, 1 Pfirsich z. B. hat rund 170 g, 1 Himbeere 6 g
Brot, Getreideflocken:	etwa 300 bis 350 g
Kartoffeln, Nudeln, Reis, Getreide:	etwa 250 bis 280 g
Milchprodukte:	etwa 450 bis 500 ml Milch oder mehrere Scheibe Schnittkäse (1 Scheibe entspricht 200 ml Milch)
Fleisch, Wurst:	65 bis 85 g pro Tag, das sind 3 größere Portionen pro Woche und 3 Portionen Wurst oder Schinken pro Woche
Fisch:	2 Portionen Fisch pro Woche = 200 g
Fett:	täglich 35 bis 45 g, das sind 4 bis 5 EL Butter oder hochwertiges Öl als Streichfett und zum Kochen/Salate
Eier:	2 bis 3 pro Woche
Süßigkeiten:	höchstens 70 bis 90 g pro Tag

Menüs

Puten-Zucchini-Gulasch · Spiralen · Grüner Salatmix · Joghurt mit frischen Himbeeren · Orangensaft

Puten-Zucchinigulasch

Zutaten (10 Personen)
1000 g Putenfleisch | 1000 g Zucchini | 500 g Kartoffeln | 500 g Zwiebel | Salz | Pfeffer | Paprika | Majoran | 3 Zehen Knoblauch | etwas pflanzliche Suppenwürze | ½ Becher Sauerrahm | Olivenöl | etwas Vollkornmehl

Zutaten (4 Personen)
400 g Putenfleisch | 400 g Zucchini | 150 g Kartoffeln | 150 g Zwiebel | Salz | Pfeffer | Majoran | 1 große Zehe Knoblauch | etwas pflanzliche Suppenwürze | ¼ Becher Sauerrahm | Olivenöl | etwas Vollkornmehl

Zubereitung
Die Zwiebel schälen, würfelig schneiden und in etwas Olivenöl anrösten.
Das würfelig geschnittene Fleisch mitrösten, 2 EL Paprika dazu geben, mit Wasser aufgießen; das Fleisch soll leicht bedeckt sein. Salz, Pfeffer, Majoran, Knoblauch, Suppenwürze dazu geben und kochen lassen (ca. ½ Stunde). Geschälte, würfelig geschnittene Kartoffeln und würfelig geschnittene Zucchini beifügen. Fertig kochen lassen, bis alles weich gedünstet ist. Zuletzt ein Rahmgmachtl (2 EL Vollmehl und 2 EL Sauerrahm mit ein wenig Wasser versprudeln) ins Gulasch einrühren, kurz aufkochen lassen und dann fertig abschmecken.

Spiralen

Zutaten (10 Personen)
800 g Spiralen | Salz | Olivenöl

Zutaten (4 Personen)
320 g Spiralen | Salz | Olivenöl

Zubereitung
Die Spiralen in Salzwasser kochen bis sie weich sind, abseihen, in etwas Olivenöl schwenken, salzen und gehackte Kräuter darunter mengen.

Grüner Salatmix

Zutaten (ca. 10 Personen)
500 g z. B. Häuptelsalat | Ruccola | Vogerlsalat | 1 Karotte | 1 Dose Mais

Zutaten (ca. 4 Personen)
200 g Häuptelsalat | Ruccola | Vogerlsalat | 1 kleine Karotte | etwas Mais

Kräuterdressing

Zubereitung
Den mit Wasser verdünnten Apfelessig mit Salz, einer Prise Zucker und Kernöl vermengen. Fein geschnittenen Schnittlauch und Dille dazurühren.

Joghurt mit frischen Himbeeren

Zutaten (ca. 10 Personen)
1000 g frische Himbeeren (o. tiefgekühlte)
1½ Liter Joghurt 1%

Zutaten (ca. 4 Personen)
400 g frische Himbeeren (o. tiefgekühlte)
2 Becher Joghurt 1%

Zubereitung
Die Himbeeren pürieren und mit dem Joghurt verrühren.
Mit Honig nach Belieben süßen.

Orangensaft gespritzt

Schnittlauchnockerl-Suppe
Zwetschkenknödel mit Nussbrösel Hollersaft

Klare Gemüsesuppe

Zutaten (10 Personen)
500 g Suppengemüse (Sellerie, Karotten, Lauch) | 3 Liter Wasser | Maggikraut | Salz | Pfeffer | Muskat | Suppenwürfel (pflanzlich)

Zutaten (4 Personen)
1 Karotte | ½ Lauch | kleines Stück Sellerie | 1 ½ Liter Wasser | etwas Maggikraut | Salz | Pfeffer | Muskat | Suppenwürfel (pflanzlich)

Zubereitung
Das Suppengemüse waschen, mit 3 Liter Wasser ansetzen, salzen, pfeffern, Maggikraut dazu geben und ca. ½ Stunde kochen, abseihen und das Gemüse kleinwürfelig schneiden. Die Suppe mit Salz, Muskat, Suppenwürze abschmecken.

Schnittlauchnockerl

Zutaten
1 großes Ei | Butter | Grieß
(bei Grießnockerl gibt es eine Faustregel: Ei abwiegen, 1 Ei schwer Butter, 2 Ei schwer Grieß)

Zubereitung
Die Zutaten vermengen, mit Salz und Muskat würzen und mit einem Kaffeelöfferl Nockerl formen, in kochendes Wasser geben und auf kleiner Flamme ca.15 Minuten ziehen lassen. In der Suppe anrichten.

Mit fein geschnittenem Schnittlauch vollenden!

Von einem großen Ei macht man ungefähr 20 Nockerl.

Zwetschkenknödel

Zutaten (ca.10 Personen – 20 Knödel)
80 g Butter | Prise Salz | 1 großes Ei | 1 EL Grieß | 250 g Magertopfen | 250 g griffiges Mehl

Zutaten (ca.4 Personen – 10 Knödel)
40 g Butter | Prise Salz | 1 kleines Ei | ½ EL Grieß | 125 g Magertopfen | 125 g griffiges Mehl

Zubereitung

Butter schaumig rühren und mit den anderen Zutaten vermengen. Den Teig ca. ½ Stunde rasten lassen. Eine Rolle formen, mit einem Messer oder einer Teigkarte ca. 1 cm dicke Schnitten schneiden. Die Teigstücke platt drücken und die Zwetschke drauflegen, den Teig über die Frucht geben, fest andrücken und zu einem Knödel formen.

In kochendes Wasser geben und ca. 10 Minuten köcheln lassen.

Nussbrösel

Zutaten (10 Personen)

100 g Butter | 150 g Vollwertzucker | 300 g Brösel und etwas geriebene Nüsse | 1 TL Zimt

Zutaten (4 Personen)

50 g Butter | 75 g Vollwertzucker | 150 g Brösel und etwas geriebene Nüsse | ½ TL Zimt

Zubereitung

Die Butter in einer Pfanne zergehen lassen, Zucker, Brösel und Nüsse dazu geben und etwas anrösten lassen.

Die Knödel aus dem Wasser geben und im fertigen Bröselgemisch wälzen.

Hollersaft

Frittatensuppe · Kräuterlaibchen mit Schnittlauchsauce · Himbeersaft

Rindssuppe

Zutaten (10 Personen)
500 g Suppenknochen | 3 Liter Wasser | 2 Karotten | ½ Sellerie | 1 Zwiebel | Maggikraut | Salz | Pfeffer | Muskat | Suppenwürfel (pflanzlich)

Zutaten (4 Personen)
250 g Suppenknochen | 1,5 Liter Wasser | 1 Karotte | ¼ Sellerie |1 kleine Zwiebel | Maggikraut | Salz | Pfeffer | Muskat | Suppenwürfel (pflanzlich)

Zubereitung
Die Rindsknochen mit dem Gemüse, Gewürzen und gerösteten Zwiebelhälften im Wasser zustellen, kochen (ca. 1 Stunde) und abseihen. Sellerie und Karotten klein schneiden, in die Suppe geben. Fertig abschmecken. Fein geschnittenen Schnittlauch drüber geben!

Frittaten

Zutaten (10 Personen)
(das sind ca. 5 Palatschinken)
¼ Liter Milch | 1 großes Ei | Salz | Vollkornmehl nach Bedarf

Zutaten (4 Personen)
125 ml Milch | 1 kleines Ei | Salz | Vollkornmehl nach Bedarf

Zubereitung
Alle Zutaten versprudeln, bis ein leicht dicklicher Teig entsteht, und in einer Pfanne in etwas heißer Butter herausbacken. Palatschinken vorerst in 4 Teile, dann der Breite nach nudelig schneiden.

Kräuterlaibchen

Zutaten (10 Personen)
5 Kaffeetassen Goldhirse, doppelt so viel Wasser | 4 Zwiebeln | 60 g Magertopfen | 3 Knoblauchzehen | 6 EL Vollkornmehl | 3 Eier | Salz | Pfeffer | Suppenwürze (pflanzlich) | etwas gehackte Petersilie | Rapsöl | Brösel zum Wenden der Laibchen

Zutaten (4 Personen)
2 ½ Kaffeetassen Goldhirse | 2 Zwiebeln | 30 g Magertopfen | 1 Knoblauchzehe | 3 EL Vollkornmehl | 1 großes Ei | Gewürze siehe oben

Zubereitung
Die Hirse (Bio-Goldhirse) mit Wasser, Salz, Suppenwürze kurz aufkochen und danach ca. 10 Minuten ziehen lassen. Wenn sie weich ist, vom Herd nehmen, abkühlen.
Die gehackten Zwiebeln in Fett anschwitzen, zerdrückten Knoblauch, Mehl, Kräuter, Ei, Salz zur Hirsemasse geben und alles durchmischen.
Laibchen formen, in einer Pfanne mit Rapsöl herausbacken (oder man kann sie auch auf ein Backblech schlichten und im Rohr backen).

Schnittlauchsauce

Zutaten
1 Zwiebel | 1 Zehe Knoblauch | 1 Becher Sauerrahm | Suppenwürfel (pflanzlich) | Salz | Pfeffer | etwas Vollkornmehl | feingeschnittener Schnittlauch

Zubereitung
Die Zwiebel schälen, würfelig schneiden, in etwas Rapsöl anrösten, mit dem verquirlten Sauerrahm (mit etwas Wasser) aufgießen, etwas köcheln lassen.
Wenn nötig, etwas eindicken (1 TL Mehl mit ein bisschen Wasser versprudeln, unter Rühren in die Sauce geben).
Die Sauce mit einer zerdrückten Knoblauchzehe, Salz, geschnittenem Schnittlauch vollenden.

Himbeersaft

Gebackener Fisch mit Sesamkruste und Reis · Tomatensalat · Marillenkompott · Apfelsaft gespritzt

Gebackener Fisch mit Sesamkruste

Zutaten (10 Personen)
2000 g Dorschfilet oder Scholle (je nach Belieben) | 2 Eier | Sesam | Semmelbrösel | Vollkornmehl | Salz | Pfeffer | 1 Zitrone | Olivenöl

Zutaten (4 Personen)
800 g Dorschfilet oder Scholle (je nach Belieben) | Ei | Semmelbrösel | Vollkornmehl | Salz | Pfeffer | ½ Zitrone | Olivenöl

Zubereitung
Den Fisch mit Zitronensaft beträufeln, ein wenig stehen lassen, salzen, etwas Pfeffer drüberstreuen. Je 1 Suppenteller für Mehl, Eier und Sesam-Bröselmischung (1/3 Sesam, 2/3 Semmelbrösel) richten, den Fisch zuerst in Mehl wenden, dann im verquirlten Ei, und zum Schluss in der Bröselmischung wälzen und leicht andrücken.
In Olivenöl herausbacken!

Reis

Zutaten (10 Personen)
300 g Langkornreis | 300 g Dinkelreis | Salz | frische Kräuter

Zutaten (4 Personen)
120 g Langkornreis | 120 g Dinkelreis | Salz | frische Kräuter

Zubereitung
Die Reissorten, je nach Beschreibung, getrennt mit Wasser kochen. Nach ca. 40 Minuten die 2 Sorten zusammenmengen und mit Salz würzen. Mit zerlassener Butter verfeinern und mit Kräutern bestreuen.

Tomatensalat

Zutaten (10 Personen)
1500 g Tomaten | 1 Zwiebel | Kräuteressig | Salz | Pfeffer | Prise Zucker | Rapsöl

Zutaten (4 Personen)
600 g Tomaten | ½ Zwiebel | Kräuteressig | Salz | Pfeffer | Prise Salz | Rapsöl

Zubereitung

Die Tomaten nach Belieben schneiden, etwas klein geschnittene Zwiebel dazu und mit den Gewürzen, dem Essig und dem Öl vermischen. Eventuell ein paar Maiskörner darunter mengen, es schaut dann bunter aus.

Marillenkompott

Zutaten (10 Personen)

1500 g frische Marillen (oder gefrorene) | Vollwertzucker | 1 Zimtstange | etwas Zitronensaft

Zutaten (4 Personen)

600 g frische Marillen (oder gefrorene) | Vollwertzucker | 1 Zimtstange | etwas Zitronensaft

Zubereitung

Die Marillen geviertelt in kochendes Wasser geben, Zimtstange, Zucker und etwas Zitronensaft dazu geben, weich dünsten, in Schüsserl aufteilen.

Apfelsaft mit Mineralwasser verdünnen

Spagetti mit Kürbis-Schinken-Rahmsauce Nussstangerl Früchtetee

Spagetti

Zutaten (10 Personen)
1000 g Spagetti | Olivenöl | Salz

Zutaten (4 Personen)
400 g Spagetti | Olivenöl | Salz

Zubereitung
In Salzwasser bissfest kochen, abseihen und in Olivenöl schwenken, nachwürzen.

Kürbis-Schinken-Rahmsauce

Zutaten (10 Personen)
2 Zwiebeln | 500 g Pressschinken | 500 g Kürbis (Muskat) | 200 g Karotten | 250 g Sauerrahm | etwas Milch | Knoblauch | Salz | Pfeffer | Oregano | Suppenwürfel (pflanzlich) | Rapsöl

Zutaten (4 Personen)
1 Zwiebel | 250 g Presschinken | 250 g Kürbis (Muskat) | 100 g Karotten | ½ Becher | Sauerrahm | etwas Milch | Knoblauch | Salz | Pfeffer | Oregano | Suppenwürfel (pflanzlich) | Rapsöl

Zubereitung
Die Zwiebel schälen, klein schneiden und in Rapsöl anrösten, den Kürbis schälen und auf einer Reibe raspeln, ebenso die Karotten grob raspeln und mitrösten; den Sauerrahm mit etwas Milch verquirlen und aufgießen, den Schinken in Streifen schneiden und dazu geben. Zuletzt würzen, mit Kräutern und Suppenwürfel vollenden. Eindicken mit einem Mehlgmachtl (1 bis 2 EL Vollkornmehl mit 125 ml Wasser versprudeln und unter Rühren in die Sauce geben).

Salatteller nach Wunsch dazu geben!

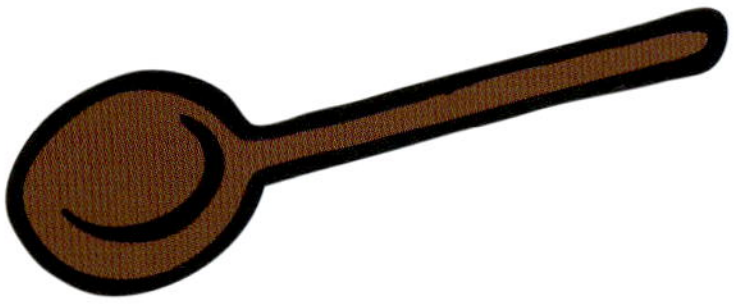

Nussstangerl

2 Rollen Blätterteig (fertig)

Fülle

Zutaten

400 g Nüsse | 80 g Brösel | 80 g Vollzucker | Honig | 2 EL Rum | ¼ l Milch | 1 Ei

Zubereitung

Alle Zutaten zusammenmengen, Fülle in den Strudelteig einstreichen (die Hälfte der Länge), zusammenschlagen, den Rand fest andrücken, mit einem Messer in ungefähr 2 cm dicke Stangerl schneiden.
Mit dem Ei bestreichen und bei 175° C backen (im Kombidämpfer bei 160°HL).

Früchtetee

Tipp:

Der Kürbis, strenggenommen eine Beerenfrucht, bringt nicht nur Vitamine und Mineralstoffe in Speisen, sondern auch Farbe in die Küche.

Pumucklcremesuppe (Kürbiscremesuppe) Grießschmarrn mit Hollerröster oder Apfelmus Johannisbeersaft

Pumucklcremesuppe

Zutaten (10 Personen)
1500 g Kürbis (z. B. Sorte Muskat) | 2 Liter fertige Suppe | 1 Becher Sauerrahm | Salz | Pfeffer | Suppenwürfel (pflanzlich) | etwas Kürbiskernöl

Zutaten (4 Personen)
600 g Kürbis (Muskat) | ½ Liter Suppe | ½ Becher Sauerrahm | Salz | Pfeffer | Suppenwürfel (pflanzlich) | etwas Kürbiskernöl

Zubereitung
Den Kürbis schälen, grob raspeln, in Olivenöl anschwitzen, mit etwas Weißwein ablöschen, würzen mit Salz, Pfeffer. Mit der Suppe aufgießen, durchkochen lassen, mit Pürierstab durchmixen, den Sauerrahm zum Verfeinern (eventuell ein bisschen eindicken mit Maizena oder Mehleinbrenn = Mehlgmachtl) dazurühren und fertig abschmecken. Kürbiskernölspritzer über die Suppe geben!

Grießschmarrn

Zutaten (10 Personen)
1 Liter Milch |120 g Butter | etwas Salz | 60 g Rosinen | 260 g groben Grieß

Zutaten (4 Personen)
500 ml Milch | 60 g Butter | etwas Salz | 30 g Rosinen | 130 g groben Grieß

Zubereitung
Die Milch aufkochen lassen, die Butter dazu geben, Salz und Rosinen beimengen. Den Grieß langsam einrieseln lassen, unter ständigem Rühren dick verkochen.
In einer breiten Pfanne, die man vorher einfettet, verteilt man die Grießmasse und schiebt sie ins Rohr. Bei 180° C ca. 30 bis 40 Minuten backen. Durch ständiges Zerkleinern (eventuell mit 2 Gabeln) wird der Grießschmarrn zur bröckeligen Beschaffenheit ausgedünstet. Bei zu feinem Weizengrieß kommt es vor, dass der Schmarrn zu pappig wird. In so einem Fall etwas trockenen Grieß dazustreuen.

Hollerröster

Zutaten (10 Personen)
1000 g Hollerbeeren | 1 Apfel | 5 Zwetschken | ½ Liter Wasser | Vollrohrzucker | 1 Zimtstange | ½ Packerl Puddingpulver

Zutaten (4 Personen)
400 g Hollerbeeren | ½ Apfel | 3 Zwetschken | ¼ Liter Wasser | Vollrohrzucker | 1 Zimtstange | ¼ Packerl Puddingpulver

Zubereitung
Den Holler, mit Zucker und einer Zimtstange, im Wasser leicht kochen.
Einige Zwetschken und Apfelspalten dazu geben, pürieren und durch ein Sieb passieren. Mit Puddingpulver, das zuerst in etwas Wasser angerührt wird, eindicken.
Zucker dazu geben!

Apfelmus

Zutaten (10 Personen)
2000 g Äpfel | etwas Zitronensaft | 1 Zimtstange | etwas Vollrohrzucker

Zutaten (4 Personen)
400 g Äpfel | etwas Zitronensaft | 1 Zimtstange | etwas Vollrohrzucker

Zubereitung
Das Wasser mit dem Zitronensaft aufkochen, die Zimtstange dazu geben und die geschälten Äpfel in Spalten schneiden und kurz mitkochen. Die Zimtstange herausgeben, das Kompott mit wenig Flüssigkeit pürieren und nach Belieben zuckern.

Johannisbeersaft

Kartoffelgulasch mit Gebäck oder Brot · Pfirsichkompott · Vitaminsaft

Kartoffelgulasch

Zutaten (10 Personen)
2500 g Kartoffel | 1000 g Zwiebel | 200 g Leberkäse | Salz | Pfeffer | Majoran | Paprika (süß) | Suppenwürfel (pflanzlich) | ½ Becher Sauerrahm | Vollkornmehl

Zutaten (4 Personen)
1000 g Kartoffeln | 800 g Zwiebel | 100 g Leberkäse | Salz | Pfeffer | Majoran | Paprika (süß) Suppenwürfel (pflanzlich) | 2 Löffel Sauerrahm | etwas Vollkornmehl

Zubereitung
Die Zwiebel schälen, klein schneiden, hellbraun in Rapsöl anrösten, die Kartoffeln schälen, in kleine Würfel schneiden, kurz mitrösten, den Paprika dazu geben, mit so viel Wasser aufgießen, dass die Kartoffeln leicht bedeckt sind;
die Gewürze dazu geben und das Gulasch in etwa 20 Minuten fertig kochen. Wenn die Kartoffeln weich sind, den kleinwürfelig geschnittenen Leberkäse beimengen; mit Mehl/Sauerrahm-Gmachtl (1 EL Vollkornmehl mit etwas Wasser versprudeln) eindicken und abschmecken.
Vollkorngebäck oder Brot dazu geben.

Pfirsichkompott

Zutaten (10 Personen)
1500 g frische Pfirsiche | 1 Liter Wasser | Vollrohrzucker | etwas Zitronensaft

Zutaten (4 Personen)
600 g frische Pfirsiche | ca.½ Liter Wasser | Vollrohrzucker | etwas Zitronensaft

Zubereitung
Die Pfirsiche würfelig schneiden und in Wasser mit etwas Zucker und etwas Zitrone weich dünsten.

Vitaminsaft

Das kann entweder Tee sein, der mit frisch gepresstem Orangen- und/oder Zitronensaft vermengt wird, oder ein selbst gemachter Fruchtsaft.

Tipp:

Zur besseren Versorgung mit Vitaminen kann man Fruchtsaft servieren, der zum Beispiel aus Äpfeln mit Karotten (oder Orangen mit Karotten) frisch gepresst wurde.

Gemüsesuppe

Zutaten (10 Personen)
300 g Wurzelgemüse gemischt (Karotten, Petersilienwurzel, Pastinake) | 300 g Kartoffeln 100 g grüne Erben | 2 Liter Wasser | Suppenwürfel (pflanzlich) | 60 ml Sauerrahm | Majoran | Salz | Petersilie | Schnittlauch | Dille | 2 EL Vollkornmehl

Zutaten (4 Personen)
150 g Wurzelgemüse | 150 g Kartoffeln | 50 g grüne Erbsen | 1 Liter Wasser | Suppenwürfel (pflanzlich) | 1 EL Sauerrahm | Majoran | Salz | Petersilie | Schnittlauch | Dille 1 EL Vollkornmehl

Zubereitung
Das Gemüse schälen, waschen und in Würfeln schneiden. Man kocht das Gemüse in der Gemüsebrühe, bis es weich ist, anschließend würzt man. Die Suppe pürieren, das mögen Kinder lieber. Die Erben erst in die pürierte Suppe geben und mit dem gut verrührten Sauerrahm-Mehlgmachtl vollenden.
Gehackte Kräuter drüber streuen!

Scheiterhaufen

Zutaten (10 Personen)
8 Eier trennen | das Knödelbrot von 20 Semmeln (ca. 900 – 1000 g) | 150 g Butter | 300 g Vollwertzucker | Zimt | ¾ l Milch | 1 Zitrone | 2 kg Äpfel | 60 g Puddingpulver

Zutaten (4 Personen)
4 Eier trennen | das Knödelbrot von 10 Semmeln (ca. 500g) | 70 g Butter | 150 g Vollwertzucker | Zimt | 375 ml Milch | ½ Zitrone | 800 g Äpfel | 30 g Puddingpulver

Zubereitung
Die Semmeln würfelig schneiden, in eine Schüssel geben; die erwärmte Milch, Dotter und das Puddingpulver verquirlen, über die Semmelwürfel geben. Gut vermengen und etwas stehen lassen. Die Äpfel vierteln, entkernen, blättrig schneiden, mit etwas Zucker, Zimt und Zitronensaft vermengen. Die Semmelmasse in eine Kastenform oder viereckige Pfanne drücken und die Äpfel darauf geben. Ca ½ Std. backen bei 160° C. Das Eiweiß mit etwas Zucker steif schlagen, dann die Schneehaube auf die Apfelmasse geben und nochmals 10 Minuten bei 200° C backen.

Zitronentee zubereiten

Gebratener Leberkäse mit Kartoffelpüree · Gurkensalat · Kürbiskuchen · Saft nach Wahl

Gebratener Leberkäse

Zutaten (10 Personen)
10 Schnitten Leberkäse (ca 1 cm dick) in Rapsöl beidseitig herausbacken

Zutaten (4 Personen)
4 Schnitten Leberkäse (ca.1 cm dick) in Rapsöl beidseitig herausbacken

Kartoffelpüree

Zutaten (10 Personen)
2000 g mehlige Kartoffeln | 180 g Butter | etwas Milch | Salz | Pfeffer | Muskat
Nach Wunsch geröstete Zwiebelringe darüber geben.

Zutaten (4 Personen)
800 g mehlige Kartoffeln | 90 g Butter | etwas Milch | Salz | Pfeffer | Muskat
Nach Wunsch geröstste Zwiebelringe darüber geben.

Zubereitung
Die geschälten Kartoffeln werden in Salzwasser gekocht. Dann seiht man sie ab.
Die Kartoffeln passiert man (durch eine Presse oder die flotte Lotte) und rührt sie rasch mit etwas warmer Butter und warmer Milch zu einer lockeren Masse.
Mit Salz und Muskat würzen.

Gurkensalat

Zutaten (10 Personen)
1500 g Salatgurken | Rapsöl | Kräuteressig | Salz | Pfeffer | 1 Prise Zucker | ½ Becher Sauerrahm

Zutaten (4 Personen)
600 g Salatgurken | Rapsöl | Kräuteressig | Salz | Pfeffer | Prise Zucker | 2 EL Sauerrahm

Zubereitung
Die Gurken schälen und auf einem Gurkenhobel blättrig schneiden; mit Sauerrahm, etwas Essig, Öl, Salz, Zucker und Pfeffer vermengen. Geschnittenen Dill darüber streuen.

Kürbiskuchen

Zutaten (ca. 24 Stücke)

300 g Kürbis (z. B. Muskat) | 5 Eier | 200 g Kristallzucker | 250 g gemahlene Nüsse | 8 EL Brösel | 1 Kaffeelöffel Backpulver | 1 Kaffeelöffel Zimt

Zubereitung

Die Eier trennen, Eiweiß mit Zucker zu Schnee schlagen; Dotter, geriebenen Kürbis und andere Zutaten nach und nach unterheben. In eine flache Kastenform füllen. Bei 175° C ca. 30 Minuten backen. Kombidämpfer: 160° C, ½ Lüfter ca. 20 Minuten backen

Glasur

Zutaten

200 g Staubzucker | Saft einer Zitrone | wenig Himbeersaft

Zubereitung

Die Zutaten miteinander verrühren und sofort über dem ausgekühltem Kuchen verteilen.

Saft nach Wahl

Spagetti Bolognese · Fitness-Salat · Früchtejoghurt · Himbeersaft

Spagetti Bolognese

Zutaten (10 Personen)
1000 g Spagetti | Olivenöl | Salz

Zutaten (4 Personen)
400 g Spagetti | Olivenöl | Salz

Zubereitung
Die Spagetti in kochendem Wasser bissfest kochen, das Wasser abseihen, die Nudeln in Olivenöl etwas schwenken; mit Salz würzen.

Bolognese-Sauce

Zutaten (10 Personen)
500 g Sellerie | 500 g Karotten | 1000 g Faschiertes gemischt | 4 Dosen (Gläser) Pomitos (pürierte Tomaten) | Pfeffer | Oregano | Knoblauch | Suppenwürze (pflanzlich) | Rapsöl

Zutaten (4 Personen)
200 g Sellerie | 200 g Karotten | 400 g Faschiertes gemischt | 2 Dosen Pomitos (pürierte Tomaten) | Pfeffer | Oregano | Knoblauch | Suppenwürze (pflanzlich) | Rapsöl

Zubereitung
Den geschälten, geraspelten Sellerie und die geraspelten Karotten in Öl anschwitzen, Faschiertes dazu geben und mitrösten. Die Pomitos dazuleeren, mit Salz und Pfeffer würzen; ½ Std. leicht köcheln lassen, und mit Oregano, Suppenwürfel, Knoblauch fertig abschmecken. Wenn nötig etwas eindicken.

Fitness-Salat

Zutaten
1 grüner Salat | 1 Friseèsalat | 1 Bund Radieschen |125 g Gurke | 125 g Cocktailtomaten
2 EL Sonnenblumenkerne

Zutaten (Marinade)
2 EL Weinessig | 1 EL Majoran (gehackt) | 1 Knoblauchzehe | 6 EL Olivenöl | Salz | Pfeffer

Zubereitung

Salate und Gemüse putzen und waschen, Radieschen und Gurke in Scheiben schneiden, Tomaten halbieren. Essig mit Gewürzen pürieren, etwas Öl unterrühren.

Alle Zutaten und Marinade vermengen und geröstete Sonnenblumenkerne darüberstreuen.

Früchtejoghurt

Zutaten (10 Personen)

1 l Naturjoghurt 1% | 500 g frische Himbeeren (oder gefrorene) | Zucker oder Honig

Zutaten (4 Personen)

½ Liter Naturjoghurt 1% | 200 g frische Himbeeren (oder gefrorene) | Zucker oder Honig

Zubereitung

Die Himbeeren pürieren und mit dem Joghurt und dem Zucker (nach Belieben) gut verrühren.

Himbeersaft

Tipp:

Als Fleischersatz bei Spagetti Bolognese kann man Sojagranulat verwenden.

Würzige Kartoffelsuppe · Reisauflauf mit Topfen · Zwetschkenkompott · Kakao

Würzige Kartoffelsuppe

Zutaten (10 Personen)
500 g mehlige Kartoffeln | 60 g Hamburger Speck | 1 Zwiebel | 250 g Linsen, gemahlen | 1,5 l Wasser | Suppenwürfel (pflanzlich) | 100 ml Sauerrahm | 2 Lorbeerblätter | Salz | Pfeffer | Majoran | gemahlenen Kümmel | Rapsöl

Zutaten (4 Personen)
200 g mehlige Kartoffeln | 30 g Hamburger Speck | 1 Zwiebel | 100 g Linsen gemahlen | 700 ml Wasser | Suppenwürfel (pflanzlich) | 1 EL Sauerrahm | 1 Lorbeerblatt | Salz | Pfeffer | Majoran | gemahlenen Kümmel | Rapsöl

Zubereitung
Den würfelig geschnittenen Speck mit den geschnittenen Zwiebeln in einem Topf mit Öl leicht anrösten lassen, die würfelig geschälten, geschnittene Kartoffeln dazu geben, salzen, pfeffern und mit Majoran und Kümmel würzen. Mit Linsenmehl stauben, umrühren und mit Wasser auffüllen.
Die Kartoffeln weich kochen, mit Sauerrahm vollenden, fertig würzen (kann auch püriert werden).

Topfen-Reisauflauf

Zutaten (10 Personen)
2 l Milch | 400 g Rundkorn Reis | 1000 g Magertopfen | 6 Eier | 75 g Kristallzucker | Vanillezucker | Fett und Brösel für die Form

Zutaten (4 Personen)
1 l Milch | 200 g Rundkornreis | 500 g Magertopfen | 3 Eier | 40 g Kristallzucker | Vanillezucker | Fett und Brösel für die Form

Zubereitung
Die Milch und den Reis aufkochen, auf kleinster Stufe weich dünsten, öfters umrühren.
Sobald der Reis weich gekocht ist, kalt stellen.
Die Eier trennen, das Klar mit etwas Zucker zu steifem Schnee schlagen. Den Topfen mit Vanille, Dotter und dem restlichen Zucker verrühren.
Den kalten Milchreis löffelweise in die Topfenmasse einrühren. Den steif geschlagenen Schnee darunter heben, in einer befetteten Auflaufform ca. 30 bis 40 Minuten bei 170° C backen.

Kakao dazu reichen

Eingetropfte Suppe · Speckknödel mit Sauerkraut · Schüttelkuchen mit Schokolade und Nüssen · Saft

Eingetropfte Suppe

Zutaten (10 Personen)
3 Liter Wasser | 2 Karotten | 1 kleiner Sellerie | Salz | Pfeffer | Muskat | Suppenwürfel (pflanzlich) | 3 Eier | 2 EL Weizenvollmehl

Zutaten (4 Personen)
1 Liter Wasser | 1 Karotte | ½ Sellerie (klein) | Salz | Pfeffer | Muskat | Suppenwürfel (pflanzlich) | 1 großes Ei | 1 EL Weizenvollmehl

Zubereitung
Wasser und geputztes Gemüse kochen und würzen.
Wenn das Gemüse weich ist herausnehmen, klein schneiden und wieder in die Suppe geben. Eier mit Weizenvollmehl versprudeln, es soll ein flüssiger Teig entstehen. Langsam in die kochende Suppe einlaufen lassen, fertig abschmecken.
Mit Schnittlauch bestreuen.

Speckknödel

Zutaten (10 Personen)
1000 g mehlige Kartoffel | 220 g griffiges Mehl | 55 g Butter | 55 g Grieß | 1 Ei | Salz | Muskat

Zutaten (4 Personen)
500 g mehlige Kartoffeln | 110 g griffiges Mehl | 27 g Butter | 27 g Grieß | 1 kleines Ei | Salz | Muskat

Zubereitung
Kartoffeln kochen, schälen, etwas abkühlen lassen, pressen und würzen.
Mit Mehl, Grieß und den übrigen Zutaten vermengen. Vom Teig eine Rolle formen und ½ Stunde rasten lassen. Erst dann mit einer Teigkarte kleine Stücke abstechen.

Fülle

Zutaten (10 Personen)
300 g Hamburgerspeck | 100 g Magertopfen | 300 g Weißbrotwürfel | Salz | Pfeffer | Kräuter | 2 Zehen Knoblauch

Zutaten (4 Personen)

150 g Hamburger Speck | 50 g Magertopfen | 150 g Weißbrotwürferl | Salz | Pfeffer | Kräuter | 1 Zehe Knoblauch

Zubereitung

Kleinwürfelig geschnittenen Speck mit Brotwürfeln und Topfen, Kräutern und Gewürzen vermengen. Aus dem Gemisch kleine Knödel formen. Ein Stück Kartoffelteig drüber geben, fest andrücken. Die Knödel in Salzwasser etwa 10 Minuten kochen, bis sie sich an der Oberfläche drehen.

Sauerkraut

Zutaten (10 Personen)

1500 g Sauerkraut | 1 große Zwiebel | etwas Olivenöl | ½ l Wasser | Salz | 1 Lorbeerblatt Suppenwürfel (pflanzlich)

Zutaten (4 Personen)

600 g Sauerkraut | 1 kleine Zwiebel | etwas Olivenöl | ¼ Liter Wasser | Salz | 1 Lorbeerblatt Suppenwürfel (pflanzlich)

Zubereitung

Zwiebel anrösten, das Sauerkraut dazu geben, mit Wasser aufgießen bis das Kraut bedeckt ist; würzen und weich dünsten.

Schüttelkuchen mit Schokolade und Nüssen

Zutaten (ca. 24 Stück)

250 g Dinkelmehl | 200 g Honig | 250 g Joghurt 1 % | 200 g Schokolade gerieben | 250 g Haselnüsse gerieben | 125 ml Sonnenblumenöl | 3 Eier | 1 Pkg. Backpulver | 1 Vanilleschote

Zubereitung

Alle trockenen Zutaten in eine Schüssel geben und durchmischen.

Eier, Joghurt und Öl verquirlen und zu den trockenen Zutaten geben.

Kurz mit den Mixer durchmischen und den Teig in eine befettete, bebröselte Form geben.

Bei 175° C ca. 40 Minuten backen.

Sterndlsuppe · Truthahn-Chinakohl-Eintopf · Bunte Nudeln · Orangensaft gespritzt

Sterndlsuppe

Zubereitung

Rindsuppe siehe Seite 22

25 g fertige Suppeneinlage (Sterne) pro Person in Salzwasser kochen, abseihen und mit kaltem Wasser abschrecken; in Suppenschüsseln geben.

Truthahn-Chinakohl-Eintopf

Zutaten (10 Personen)

1000 g Truthahnfleisch oder Putenfleisch | 2 Zwiebeln | 1500 g Chinakohl | 100 g Erdäpfel
5 EL Rapsöl | 1 ½ l Gemüsesuppe | ½ Becher Sauerrahm | Salz | Pfeffer | Kräuter

Zutaten (4 Personen)

400 g Truhahn oder Putenfleisch | 1 Zwiebel | 600 g Chinakohl | 50 g Erdäpfel (mehlig)
2 EL Rapsöl | 700 ml fertige Gemüsebrühe | 2 EL Sauerrahm | Salz | Pfeffer | Kräuter

Zubereitung

Chinakohl waschen, in Streifen schneiden; Kartoffeln schälen und in kleine Würferl schneiden. Das Fleisch mit den klein geschnittenen Zwiebeln in einer Pfanne anbraten und mit der Gemüsesuppe aufgießen, Kartoffeln dazu geben, würzen und kurz durchkochen lassen.
Den Chinakohl beifügen und in 10 Minuten fertig kochen. Vor dem Servieren mit dem verquirlten Sauerrahm verfeinern. Kräuter darüber streuen.

Tipp:
Kann man auch mit Kartoffelpüree servieren.

Bunte Nudeln

Zutaten
Pro Person ca. 80 g Nudeln

Zubereitung
Die Nudeln, Spiralen oder Bandnudeln in Salzwasser al dente (bissfest) kochen und in Olivenöl schwenken, würzen, mit Salz und mit Kräutern bestreuen.

Orangensaft gespritzt

Backerbsensuppe · Pinzgauer Kässpätzle ·
Grüner Salat mit Joghurtdressing · Himbeersaft

Backerbsensuppe

Zubereitung

Rindsuppe siehe Seite 22

Backerbsen in einer großen Schüssel hinstellen, damit sich jeder nehmen kann, was er braucht.

Pinzgauer Kässpätzle

Zutaten (10 Personen)

500 g Dinkelvollmehl | 500 g Weizenmehl | 8 Eier | 2 Zwiebeln | 2 TL Kräutersalz | ca. ½ l Wasser | 100 g Pizzakäse oder Pinzgauer Bierkäse | 100 g Butter | Schnittlauch

Zutaten (4 Personen)

250 g Dinkelvollmehl | 250 g Weizenmehl | 4 Eier | 1 Zwiebel | 1 TL Kräutersalz | ca.¼ l Wasser | 50 g Pizzakäse oder Pinzgauer Bierkäse | 50 g Butter | Schnittlauch

Zubereitung

Für die Spätzle beide Mehlsorten mit Salz, Eiern und lauwarmem Wasser zu einem glatten Teig verarbeiten (eher dünner halten)

Durch ein Spätzlesieb in kochendes Salzwasser drücken. Wenn die Spätzle oben schwimmen, noch kurz ziehen lassen, in ein Sieb leeren und kalt abschrecken.

In etwas Butter klein geschnittene Zwiebel goldgelb rösten und die Spätzle dazu geben, den geriebenen Käse darunter mischen; mit Salz, Pfeffer würzen und vermischen. Mit viel geschnittenem Schnittlauch vollenden.

Bei größerer Menge im Rohr backen bei 160° C

(Kombidämpfer = 140° C regenerieren)

Grüner Salat mit Joghurtdressing

Zutaten (10 Personen)
500 g grüner Salat | 1 Becher Joghurt 1% | Salz | Pfeffer | Prise Zucker | Spritzer Apfelessig
2 Zehen Knoblauch | 1 Zwiebel | 1 Karotte | Rapsöl | Dille

Zutaten (4 Personen)
320 g grüner Salat | ½ Becher Joghurt 1% | Salz | Pfeffer | Prise Zucker | Spritzer Apfelessig
1 Zehe Knoblauch | 1 kleine Zwiebel | 1 kleine Karotte | Rapsöl | Dille

Zubereitung
Die fein geschnittene Zwiebel und den zerdrückten Knoblauch mit den Mixstab mit etwas Öl mixen, bis die Masse ganz fein ist, dann die restlichen Gewürze, Essig und Joghurt dazu rühren.
Mit dem grünen Salat vermengen und bunt anrichten, mit geraspelten Karotten oder Cocktailtomaten.

Himbeersaft

Reisfleisch mit Rote-Rübensalat · Feiner Marillenkuchen · Hollersaft

Reisfleisch

Zutaten (10 Personen)
1500 g Schweinefleisch (von der Nuss) | 1500 g Zwiebeln | 500 g Dinkelreis | Salz | Pfeffer | Majoran | Suppenwürze (pflanzlich) | Paprika | 4 Zehen Knoblauch | etwas Vollkornmehl zum Binden | Rapsöl

Zutaten (4 Personen)
600 g Schweinsnuss | 600 g Zwiebeln | 300 g Dinkelreis | Salz | Pfeffer | Majoran | Suppenwürfel (pflanzlich) | Paprika | 2 Zehen Knoblauch | etwas Vollkornmehl zum Binden Rapsöl

Zubereitung
Die Zwiebeln schälen, klein schneiden, goldgelb anrösten; das Fleisch würfelig schneiden, kurz mitrösten, paprizieren (ca. 1 EL Paprika dazu geben), mit Wasser aufgießen bis das Fleisch leicht bedeckt ist.
Majoran, Salz, Pfeffer, Suppenwürze, Knoblauch, dazu geben, fertig kochen.
Zum Schluss mit einem Gmachtl leicht eindicken (Wasser mit Mehl verquirlen).

Den Dinkelreis mit der doppelten Menge Wasser weich kochen, salzen.
Unter das deftige Gulasch mischen.
Noch einmal abschmecken!

Rote-Rübensalat

Zutaten (10 Personen)
1500 g Rote Rüben | Apfelessig | Salz | Prise Zucker | Kümmel (gemahlen) | Rapsöl

Zutaten (4 Personen)
600 g Rote Rüben | Apfelessig | Salz | Prise Zucker | Kümmel (gemahlen) | Rapsöl

Zubereitung
Die Rüben in Salzwasser weich kochen. Schälen, mit einem Hobel zerkleinern oder stifteln. Mit den Gewürzen und dem Essig vermengen und etwas ziehen lassen. Etwas frisch geriebenen Kren (nur bei Erwachsenen) dazu geben.

Feiner Marillenkuchen

Zutaten (ca. 24 Stück)

110 g Butter | 110 g Vollwertzucker | 3 Eier | 110 g Vollkornmehl | 100 g glattes Mehl | ½ Backpulver | 1/16 Milch | etwas Zitronenschale | Saft einer Zitrone

Zum Mitbacken

1000 g frische Marillen oder Marillenhälften aus der Dose | Mandelblättchen

Zubereitung

Marillen entkernen und halbieren.
Butter mit Zucker, abgeriebener Zitronenschale, Zitronensaft und Eiern schaumig rühren, das Mehl und Backpulver dazu geben; ev. etwas Milch dazurühren.
Die Masse auf ein befettetes Blech geben, mit Marillenhälften (mit der Wölbung nach oben) belegen. (Entsteinte Zwetschken dagegen mit der offenen Seite nach oben auflegen.) Mandelblättchen darauf streuen, backen bei 175° C für ca. 40 Minuten (Kombidämpfer: 160° C - HL – ½ Lüfter)

Hollersaft

Tipp:

Die würfelig geschnittenen Roten Rüben kann man auch mit Sellerie (beides gedämpft) und Apfelwürfeln mit der Marinade vermengen.

Bratwürstl im Kartoffelschmarrn Sauerkraut Apfelkompott Saft

Bratwürstl

Zutaten (10 Personen)
10 Paar Bratwürstl
in Milch legen, abtupfen und in heißem Rapsöl heraus braten.

Zutaten (4 Personen)
4 Paar Bratwürstl
In Milch legen, abtupfen und in heißem Rapsöl heraus braten

Kartoffelschmarrn

Zutaten (10 Personen)
2000 g Kartoffel (speckig) | 500 g Zwiebel | Rapsöl | Salz | Kümmel gemahlen

Zutaten (4 Personen)
800 g Kartoffel (speckig) | 200 g Zwiebel | Rapsöl | Salz | Kümmel gemahlen

Zubereitung
Die Kartoffeln kochen, schälen, blättrig schneiden. Die Zwiebel klein schneiden, in Rapsöl braun anrösten; die Kartoffel mitrösten, mit Salz, Pfeffer, Kümmel abschmecken. Mit Kräutern bestreuen.

Sauerkraut

Siehe Seite 41.

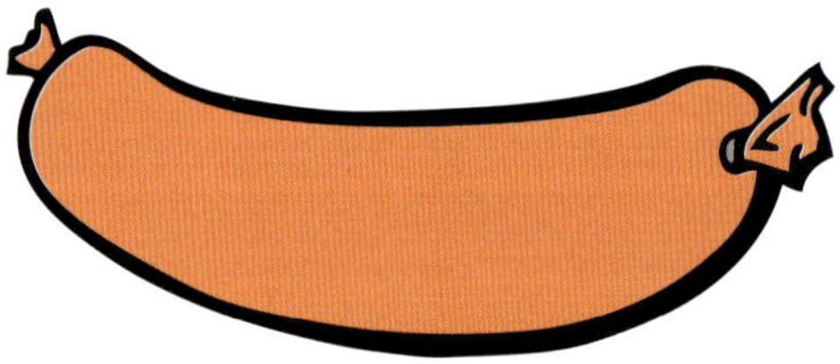

Apfelkompott

Zutaten (10 Personen)
1500 g Äpfel | 1 Liter Wasser | Zimtrinde | etwas Zitronensaft | Vollwertzucker

Zutaten (4 Personen)
600 g Äpfel | ca. ½ Liter Wasser | Zimtrinde | etwas Zitronensaft | Vollwertzucker

Zubereitung
Die Äpfel schälen, in Spalten schneiden und kurz in kochendem Wasser mit Zitronensaft weich dünsten. Erst zum Schluss zuckern.

Saft nach Wunsch

Grieß-Karottensuppe (Smily) Kartoffelpuffer mit Dip und Gemüsestiften Orangensaft gespritzt

Grieß-Karottensuppe

Zutaten (10 Personen)

2 ½ l Suppe (pflanzlich) | 2 große Karotten | 2 große Kartoffeln | Salz | Suppenwürfel (pflanzlich) | Muskat | 2 EL Grieß | 125 ml Sauerrahm.

Zutaten (4 Personen)

1 Liter Suppe (pflanzlich) | 1 große Karotte | 1 große Kartoffel | Salz | Suppenwürfel (pflanzlich) | Muskat | 1 EL Grieß | 2 EL Sauerrahm

Zubereitung

Die klare Suppe zum Kochen bringen.
Inzwischen Erdäpfel schälen, Karotten putzen und beides grob raspeln.
Die Kartoffeln in die kochende Suppe geben und weich kochen. Alles mit dem Mixstab mixen, ein wenig Grieß dazu, und kurz ziehen lassen. Die geraspelten Karotten dazu geben und etwas köcheln lassen. Mit gut verrührtem Sauerrahm verfeinern und fertig abschmecken.

Kartoffelpuffer

Zutaten (10 Personen)

2500 g Kartoffeln (mehlig) | 250 g Zwiebel | 50 g Magertopfen | 5 Eier | 300 g Vollkornmehl (oder ½ glattes-½ Vollmehl) | 400 g Magerkäse (Joghurtkäse, Tillsiter 25%) | Olivenöl | Salz | Pfeffer | Knoblauch | Petersilie

Zutaten (4 Personen)

1000 g Kartoffeln (mehlig) | 100 g Zwiebel | 25 g Magertopfen | 2 Eier | 150 g Vollkornmehl (oder eine Mischung aus ½ glattes und ½ Vollmehl) | 200 g Magerkäs (Joghurtkäse,Tillsiter 25%) | Olivenöl | Salz | Pfeffer | Knoblauch | Petersilie

Zubereitung

Die Kartoffeln schälen, dämpfen (ca. 15 Minuten), abkühlen lassen und grob reiben.
Mit den fein geschnittenen Zwiebeln, Mehl, Eiern, Topfen, Käse, Knoblauch, Kräutern und Gewürzen vermengen, Laibchen formen, in Olivenöl anbraten und wenden. Noch kurz fertig braten.

Dip

Zutaten
1 Becher Joghurt 1% | ½ Becher Sauerrahm | ½ Becher Magertopfen | Salz | 2 Knoblauchzehen | Pfeffer | Kräuter (Schnittlauch, Dille, Petersilie)

Zubereitung
Joghurt, Sauerrahm, Topfen, Salz, Knoblauch, Pfeffer und Kräuter verrühren und eine Sauce herstellen. Puffer mit Gemüse und Dip anrichten.

Gemüsestifte

Zutaten (10 Personen)
300 g Tomatenspalten | 300 g Karottenstifte | 300 g Gurkenscheiben

Zutaten (4 Personen)
120 g Tomatenspalten | 120 g Karottenstifte | 120 g Gurkenscheiben

Zubereitung
Das Gemüse waschen und je nach Wunsch schneiden. Auf einem großen Teller oder einer Platte anrichten.

Orangensaft mit Leitungswasser spritzen

Mexikanisches Putenchili mit Dinkelreis und Brot · Salatmix · Adventkuchen · Fruchtsaft

Mexikanisches Putenchili

Zutaten (10 Personen)
1500 g Faschiertes gemischt | 1 Paprika gelb | 1 Paprika grün | 1 kleine Dose rote Bohnen | 1 Dose weiße Bohnen | 3 Zwiebeln | 2 Dosen geschälte Tomaten (würfelig) | Salz | Pfeffer | 4 Zehen Knoblauch | Suppenwürze | Oregano | etwas Chili (bei Kindern nicht) | Olivenöl

Zutaten (4 Personen)
600 g Faschiertes gemischt | ½ Paprika gelb | ½ Paprika grün | ½ Dose roter Bohnen | 1 Dose weiße Bohnen | 1 Zwiebel | 1 Dose geschälte Tomaten (Würferl) | Salz | Pfeffer | 2 Zehen Knoblauch | Suppenwürze (pflanzlich) | etwas Chili | Olivenöl

Zubereitung
Zwiebeln schälen, klein schneiden und in Olivenöl anrösten. Faschiertes mitrösten, Paprika in Würfel schneiden und dazu geben; etwas mitrösten.
Die Tomatendosen aufmachen und dazu leeren. Bohnen in ein Sieb geben, mit Wasser abspülen, dazu geben, alle Gewürze beimengen (bei Kindern kein Chili) und fertig dünsten.
Eventuell mit ein wenig Mehl binden (G`machtl); abschmecken.

Reis

Zutaten (10 Personen)
400 g Dinkelreis | 400 g Langkorn-Reis | doppelt soviel Wasser | Salz | 10 g Butter

Zutaten (4 Personen)
160 g Dinkelreis | 160 g Reis | doppelt soviel Wasser | Salz | 10 g Butter

Zubereitung
Den Reis mit doppelt soviel Wasser ungefähr 40 Minuten kochen,
Salz dazu geben, mit Butter verfeinern.

Vollkorngebäck und Schwarzbrot nach Belieben dazu geben

Adventkuchen

Passende Namen sind auch: Hauskuchen, Gertis Kuchen ...

Zutaten (ca. 24 Stück)
200 g Zucker | 150 g gemahlene Nüsse | 200 g Dinkelmehl | 1Pck. Backpulver | 1 TL Zimt | 4 Eier | 4 Äpfel

Streusel
200 g kalte Butter | 200 g Dinkelvollmehl | 150 g Zucker | 1 Dotter
Die Zutaten zusammen in eine Schüssel geben und mit beiden Händen verkneten und die Masse zerbröseln.

Zubereitung
Die Äpfel waschen, entkernen, blättrig schneiden (Schale dranlassen).
Die Eier schaumig rühren; alle anderen Zutaten nach und nach dazu geben und einrühren. Die Teigmenge mit Backpulver und Zimt mischen.
In eine befettete Form füllen, Äpfel darauf schlichten, mit Streusel bedecken.
Bei 175° C backen, ca. ½ Stunde.

Fruchtsaft nach Belieben

Grießnockerlsuppe

Zutaten (ca. 20 Nockerl)
120 g Weizengrieß (oder Nockerlgrieß) | 60 g Butter | 1 Ei | Salz | Muskat | Kräuter

Zubereitung
Butter schaumig rühren und das Ei dazurühren, würzen und den Grieß einrieseln lassen. Der Teig soll rasten. Mit einem Teelöffel Nockerl formen, in kochendes Salzwasser geben, Heizquelle abdrehen und zugedeckt ziehen lassen.

Klare Hühnersuppe

Zutaten (10 Personen)
3 Liter Wasser | 500 g Hühnerklein | 2 Karotten | ½ Sellerie | 1 Zwiebel | Maggikraut | Salz Pfeffer | Muskat | Suppenwürfel (pflanzlich)

Zutaten (4 Personen)
1 Liter Wasser | 200 g Hühnerklein | 1 Karotte | etwas Sellerie | 1 Zwiebel | Maggikraut | Salz | Pfeffer | Muskat, Suppenwürfel (pflanzlich)

Zubereitung
Alle Zutaten mindestens 1 bis 1 ½ Stunden kochen, dann abseihen. Eventuell das Gemüse klein schneiden. Noch einmal abschmecken. Jetzt Nockerl in die heiße Suppe einlegen.

Mohnstrudel

Zutaten (für 2 Strudel)
500 g Kartoffeln (mehlig) | 200 g Vollkornmehl | 350 g Weizenmehl (glatt) | 1 Pkg. Backpulver | 200 g Butter | 150 g Vollzucker | 1 Pkg Vanillezucker | 2 Eier | Zitronenschale

Zubereitung
Kartoffel kochen, schälen, passieren und erkalten lassen. Das mit Backpulver versiebte Mehl mit Butter verbröseln, die erkalteten Kartoffeln, Zucker, Vanillezucker, Zitronenschale und Eier beigeben und zu einem Teig kneten. Kühl rasten lassen. Der Teig reicht für 2 Strudel.
Den Teig halbieren und ausrollen. Mohnfülle dünn aufstreichen und einrollen.
Die Strudel auf ein befettetes Blech legen, mit verquirltem Ei bestreichen und backen bei 175° C.

Fülle

Zutaten (für 2 Strudel)
¼ l Milch | 2 EL Honig | 150 g Zucker | 1 Pkg. Vanillezucker | 350 g Mohn | 50 g Powidl-Marmelade | Rum | Zimt | Zitronenschale

Zubereitung
Milch, Honig, Zucker und Vanille aufkochen, Mohn einrühren, vom Feuer nehmen und weiter rühren. Powidl, Zitronenschale, Rum nach Geschmack beimengen. Die Masse auskühlen lassen.

Zwetschkenröster

Zutaten (10 Personen)
1 kg Zwetschken | 1 Apfel | ½ Liter Wasser | 2 EL Vanillepuddingpulver | Vollrohrzucker nach Wunsch

Zutaten (4 Personen)
400 g Zwetschken | 1 kleiner Apfel | ¼ Liter Wasser | 1 EL Vanillepuddingpulver | Vollwertzucker nach Wunsch

Zubereitung
Die Zwetschken entkernen, vierteln, den Apfel schälen, in Spalten schneiden, in ein wenig Wasser mit Zimtstange und Zucker weich dünsten. Puddingpulver mit wenig Wasser verrühren und in die kochende Masse geben, dann beiseite stellen.

Kinderpunsch

Früchtetee zubereiten, 2 Orangen auspressen, Punschgewürz dazu geben, mit Honig süßen!

Bandnudeln

Zutaten
80 g Nudeln pro Person

Zubereitung
Die Nudeln in Salzwasser al dente kochen, abseihen, in Olivenöl leicht schwenken. Mit Kräutern und Salz würzen

Hühnchen-Apfelsauce

Zutaten (10 Personen)
700 g Bandnudeln | 1000 g Hühnerbrustfilet | 4 säuerliche Äpfel | 1 Zwiebel | 1 l Wasser | 60 g Butter | 60 g Vollkormehl | 80 ml Sauerrahm | Olivenöl | Salz | Pfeffer | Petersilie | Suppenwürfel (pflanzlich)

Zutaten (4 Personen)
280 g Bandnudeln | 400 g Hühnerbrustfilet | 1 großer, säuerlicher Apfel | 1 Zwiebel | ½ Liter Wasser | 30 g Butter | 30 g Vollkornmehl | 2 EL Sauerrahm | Olivenöl | Salz | Pfeffer | Petersilie | Suppenwürfel (pflanzlich)

Zubereitung
Die Hühnerfilets in Streifen schneiden und würzen, Äpfel halbieren, entkernen, in Würfel schneiden, die Zwiebel fein schneiden. Hühnerstreifen in Olivenöl anbraten, mit etwas Wasser ablöschen.
In einer Pfanne Zwiebel anrösten, Apfelwürfel kurz mitrösten, mit Mehl stauben, das Hühnerfleisch dazu geben, mit den Gewürzen abschmecken, nochmals aufkochen lassen, die Sauce mit verrührtem Sauerrahm verfeinern. Kräuter drüberstreuen.

Lollo Rosso mit Tomaten und Mozzarella

Zutaten (ca. 4 Personen)
1 Pkg. Mozzarella | 1 Lollo Rosso | 8 Babytomaten | Schnittlauch | Balsamikoessig | Olivenöl | Salz | Pfeffer

Zubereitung

Den gewaschenen, zerkleinerten Salat mit dem klein geschnittenen Mozzarella und den Tomaten und Gewürzen, dem Essig und Öl gut vermengen.

Streifenjoghurt mit Pudding und Waldbeeren

Zutaten (10 Personen)

50 g Puddingpulver | 50 g Zucker | 0,65 l Magermilch | 300 g Heidelbeeren | 300 g Himbeeren | 375 g Magertopfen | 250 g Magerjoghurt | Vollzucker | Saft und Zeste (Schale) ½ Zitrone

Zutaten (4 Personen)

25 g Puddingpulver | 20 g Zucker | 0,30 l Magermilch | 120 g Heidelbeeren | 120 g Himbeeren | 180 g Magertopfen | 125 g Magerjoghurt | Vollzucker | Saft und Zeste einer ¼ Zitrone

Zubereitung

Frische Beeren getrennt pürieren (ein paar zur Garnierung aufheben).
Topfen und Joghurt verrühren und mit Zucker, Zeste und Zitronensaft verfeinern. Topfencreme teilen und einmal mit pürierten Heidelbeeren, einmal mit pürierten Himbeeren vermengen.
Vanillepudding zubereiten und abwechselnd mit den Topfenmassen in Gläser füllen. Zuerst Himbeercreme, dann Pudding und zuletzt die Heidelbeercreme.

Saft nach Wunsch

Kräuterschöberlsuppe · Gebackene Putenstreifen auf Kuddelmuddelsalat · Fruchtiges Getränk

Kräuterschöberlsuppe

Zutaten (1 Blech Schöberl)
2 Eiklar | Salz | 1 Dotter | 125 g Magertopfen | 50 g Dinkelmehl | 10 g Backpulver

Zubereitung
Rindsuppe siehe Seite 22.
Das Eiklar zu Schnee schlagen, Dotter und Topfen unterrühren; zum Schluss Mehl und Backpulver unterheben, Kräuter dazu geben. Die Masse auf ein mit Backpapier belegtes Bleich streichen und bei 180° C backen. Nach dem Erkalten in Stücke (kleine Vierecke) schneiden und mit der Suppe servieren. Mit Schnittlauch bestreuen.

Gebackene Putenstreifen

Zutaten (10 Personen)
10 Putenschnitzel (200 g pro Person) | etwas Vollkornmehl | Brösel | 2 Eier | Salz | Pfeffer Olivenöl

Zutaten (4 Personen)
4 Putenschnitzel (200 g pro Person) | etwas Vollkornmehl | Brösel | 1 Ei | Salz | Pfeffer | Olivenöl

Zubereitung
Die Schnitzel klopfen, würzen. Anschließend in Mehl, in den verquirlten Eiern und in den Bröseln wälzen und leicht andrücken. In Olivenöl herausbacken. Die fertigen Schnitzel in Streifen schneiden und auf dem „Bunten Salatteller" anrichten.

Kuddelmuddelsalat

Zutaten (10 Personen)
500 g Eisbergsalat | 2 große Karotten | 1 Zwiebel | 1 kleine Dose Mais | 1 Salatgurke | Apfelessig | Rapsöl | 1 TL Zucker | Salz

Zutaten (4 Personen)
200 g Eisbergsalat | 1 Karotte | 1 Zwiebel | ½ Dose Mais | ½ Salatgurke | Apfelessig | Rapsöl | 1 Prise Zucker | Salz

Zubereitung

Den grünen Salat waschen und mundgerecht schneiden, die Karotten grob raspeln und die Gurke stifteln, die Zwiebel klein schneiden und alles mit den Gewürzen, Essig und Öl anrichten.

Fruchtiges Getränk

Früchtetee zubereiten, 2 Orangen auspressen, Punschgewürz dazu geben, mit Honig süßen!

Joghurt-Schnittlauchsuppe mit Äpfeln · Schinkenfleckerl · Endivien-Kartoffelsalat · Melissensaft

Joghurt-Schnittlauchsuppe mit Äpfeln

Zutaten (10 Personen)
250 g Äpfel | 1 Zwiebel | etwas Rapsöl | 1200 ml Gemüsesuppe | 100 g Erdäpfel | 300 ml Magerjoghurt | 100 ml Sauerrahm | Schnittlauch | Majoran | Salz

Zutaten (4 Personen)
120 g Äpfel | 1 Zwiebel | etwas Rapsöl | 600 ml Gemüsesuppe | 40 g Erdäpfel | 150 ml Magerjoghurt | 50 ml Sauerrahm | Schnittlauch | Majoran | Salz

Zubereitung
Die Äpfel schälen, in kleine Stücke schneiden. Die Zwiebel schälen und fein schneiden; in Öl anschwitzen, mit klarer Gemüsesuppe aufgießen. Klein geschnittene Erdäpfel (Würferl) und etwas Majoran dazu geben und kochen lassen. Joghurt und Sauerrahm dazu geben, die Suppe mixen und Schnittlauch darüber geben.
Die Apfelstücke in die Suppe geben und zum Schluss noch ca.10 Minuten leicht ziehen lassen.

Schinkenfleckerl

Zutaten (10 Personen)
1000 g Fleckerl | 500 g Toastschinken | 1 Karotte | 1 große Zwiebel | etwas Butter | Salz | Pfeffer | Majoran

Zutaten (4 Personen)
400 g Fleckerl | 200 g Toastschinken | 1 kleine Karotte | 1 Zwiebel | etwas Butter | Salz | Pfeffer | Majoran

Zubereitung
Die Fleckerl in Salzwasser kochen bis sie bissfest sind, mit kaltem Wasser abschrecken. Den Schinken faschieren (durch den Fleischwolf drehen). Die Zwiebel schälen und klein schneiden. In Butter anschwitzen, Schinken mitrösten, gekochte Fleckerl dazumengen, die Karotte fein darunter raspeln, fertig würzen, mit Salz, Pfeffer, Majoran.
Zum Schluss mit Schnittlauch bestreuen.

Endivien-Kartoffelsalat

Zutaten (10 Personen)
3 speckige Kartoffeln | 500 g Endiviensalat | 1 Zwiebel | 1 Karotte | Kräuteressig | Rapsöl | Salz | Prise Zucker | ½ Becher Sauerrahm | Schnittlauch | 250 ml Magerjoghurt

Zutaten (4 Personen)
2 speckige Kartoffeln | 250 g Endiviensalat | 1 kleine Zwiebel | 1 kleine Karotte | Kräuteressig | Rapsöl | Salz | Prise Zucker | 150 ml Magerjoghurt | 50 ml Sauerrahm | Schnittlauch | Majoran | Salz

Zubereitung
Den Salat schneiden, waschen, mit Rahmdressing gut vermengen. Man verquirlt den Essig und die Gewürze mit dem Rahm und leert sie über den Salat. Ein paar Karottenstifterl darunter reiben, damit er bunter ausschaut.

Melissensaft zum Verdünnen

Klare Hühnersuppe mit Käsecroutons · Pizza Napoli · Salatbuffet · Früchtetee

Käsecroutons

Zutaten (10 Personen)
5 Scheiben Toastbrot | 100 g geriebener Joghurtkäse | ½ TL Paprikapulver | Kräuter

Zutaten (4 Personen)
2 Scheiben Toastbrot | 50 g geriebener Joghurtkäse | ein wenig Paprikapulver | Kräuter

Zubereitung
Hühnersuppe siehe Seite 54
Den geriebenen Käse mit Kräutern und Paprika vermischen. Die Käsemischung auf das Toastbrot streichen, im Rohr kurz über backen, in Würfel schneiden und in die fertige Suppe geben.
Mit Kräutern bestreuen.

Pizza Napoli (Boden)

Zutaten (10 Personen)
1000 g Mehl (die Hälfte davon soll aus Vollkorn sein) | 2 Eier | 1 Würfel Germ (Hefe) | 3 EL Rapsöl ca. 0,5 l lauwarmes Wasser | Salz

Zutaten (4 Personen)
500 g Mehl | 1 Ei | ½ Würfel Germ | 2 EL Rapsöl | ca.¼ Liter | lauwarmes Wasser | Salz

Zubereitung
Germ in einer kleinen Schüssel mit etwas warmem Wasser zerdrücken. Mehl und Germ in einer Rührschüssel mit den restlichen Zutaten mit dem Knethaken des Rührgerätes so lange schlagen, bis der Teig Blasen wirft. Kugel formen, mit einem Tuch zudecken und gehen lassen, ca. 1 Stunde. (1 Teigkugel ca. 450 g für 1 Blech.)

Pizza Napoli (Sauce und Belag)

Zutaten (10 Personen)
2 Dosen geschälte Tomaten | bunte Paprika (½ roter, ½ gelber, ½ grüner) | 2 Zehen Knoblauch | Mais (kleine Dose) | Pizzagewürz | 600 g Pizzakäse | 500 g Toastschinken aufgeschnitten

Zutaten (4 Personen)
1 Dose geschälte Tomaten | bunte Paprika (¼ roter, ¼ gelber, ¼ grüner) | 1 Zehe Knoblauch | Mais (½ Dose) | Pizzagewürz | 300 g Pizzakäse | 200 g Toastschinken

Zubereitung
Die geschälten Tomaten mit dem Pürierstab mixen, eine Sauce machen. Würzen mit Salz, bisschen Suppenwürze, etwas Knoblauch dazu pressen.
Die Pizzakugel auf ein mit Backpapier belegtes Blech legen und ausrollen. Mit der Sauce bestreichen, mit würfelig geschnittenem Schinken belegen, etwas Mais, den in kleine Würfel oder Streifen geschnittenen Paprika und Pizzakäse dazu; zuletzt streut man noch Pizzagewürz darüber.
Bei 175° C ca.15 Minuten backen

Salate nach Saison dazu geben

Früchtetee zubereiten

Tipp:

Ein Apfelschalen-Tee ist sehr gesund. Man nimmt 200 g getrocknete Apfelschalen auf 1 l Wasser, lässt dies 10 Minuten leicht kochen, seiht ab und verfeinert mit Zucker und Zitronensaft.

Suppennudeln

Zutaten
ca. 25 g pro Person

Zubereitung
In Salzwasser kochen, abseihen, mit kaltem Wasser abschrecken, in die fertige Suppe geben, Schnittlauch drüberstreuen.

Großmutters Suppentopf

Zutaten (10 Personen)
1 Suppenhuhn | 2 Karotten | 1 Petersilienwurzel | 1 große Zwiebel | Salz | Suppenwürze (pflanzlich) | Muskat | frischer Schnittlauch | 250 g Suppennudeln kochen

Zutaten (4 Personen)
½ Suppenhuhn | 1 Karotte | 1 Petersilienwurzel | 1 kleine Zwiebel | Salz | Suppenwürfel (pflanzlich) | Muskat | frischer Schnittlauch | 100 g Suppennudeln kochen

Zubereitung
Das Suppenhuhn zerteilen, in Salzwasser einlegen und kochen. Mit gewaschenem Wurzelwerk, Maggikraut, Zwiebel (halbieren und anrösten in der Pfanne) kocht man die Suppe ca.1 Stunde und seiht sie ab. Fleisch von den Knochen lösen, klein schneiden, Gemüse kleinwürfelig schneiden, mit Salz, Muskat und Suppenwürze abschmecken.

Buchteln

Zutaten (10 Personen - ca. 30 Buchteln)
1000 g Mehl (etwa 1/3 davon Vollkornmehl) | 100 g Staubzucker | 150 g Butter | ½ l Milch | 4 Eier | 70 g Germ | etwas Rum | Salz | Schale von 1 Zitrone | Vanillezucker

Zutaten (4 Personen - ca. 15 Buchteln)
500 g Mehl | 50 g Staubzucker | 60 g Butter | ¼ Liter Milch | 2 Eier | 35 g Germ | Spritzer Rum | Salz | Schale von ½ Zitrone | Vanillezucker

Zubereitung

Das Mehl in die Rührteigschüssel geben, den Germ in lauwarmer Milch zerdrücken und zum Mehl dazu geben. Die Eier nacheinander zugeben und rühren.

Alle anderen Zutaten langsam beigeben. Zerlassene, lauwarme Butter und lauwarme Milch zuletzt beigeben. Mit den Knethaken rühren, bis der Teig Blasen schlägt und sich von der Rührschüssel löst. An einer warmen Stelle zugedeckt gehen lassen, bis der Teig in der Schüssel hochkommt. Den Teig auf die Arbeitsplatte geben, mit der Teigkarte kleine Stücke abstechen, Marillenmarmelade in die platt gedrückten Stückchen füllen und gut verschließen

Ein höheres Backblech herrichten und etwas zerlassene Butter hineinleeren.

Jede Buchtel in Butter wälzen und wenn das Blech voll ist, ca. 30 bis 40 Minuten bei 175° C backen.

Vanillesauce

Zutaten (10 Personen)

1,5 Liter Milch | Vanillepuddingpulver (etwas weniger als in der Beschreibung) | Vollwertzucker

Zutaten (4 Personen)

0,5 Liter Milch | Vanillepuddingpulver (etwas weniger als in der Beschreibung) | Vollwertzucker

Zubereitung

Die Milch aufkochen, und das mit 4 EL kalter Milch angerührte Puddingpulver (ein bisschen weniger Pulver nehmen als in der Beschreibung steht; die Sauce soll etwas dünnflüssiger werden wie ein Pudding) aufkochen und mit Vollzucker süßen.

Kakao zubereiten mit Benco

Westernpfanne mit Salzkartoffeln · Eisbergsalat · Karamellpudding · Johannisbeersaft

Westernpfanne

Zutaten (10 Personen)
1500 g Putenbrust | 500 g Gemüsemischung (Mais, Karotten, Erbsen) | 2 große Zwiebeln 2 Paprika rot und gelb (in Streifen schneiden) | 1 kleine Dose rote Bohnen | Salz | Pfeffer Knoblauch | Majoran | Paprika | Suppenwürfel (pflanzlich) | Kräuter | Rapsöl

Zutaten (4 Personen)
600 g Putenbrust | 300 g Gemüsemischung (Mais, Karotten, Erbsen) | 1 große Zwiebel | 1 Paprika rot und gelb (in Streifen schneiden) | ½ Dose rote Bohnen | Salz | Pfeffer | Knoblauch | Majoran | Paprika | Suppenwürfel (pflanzlich) | Kräuter | Rapsöl

Zubereitung
Die Zwiebeln schälen, würfelig schneiden, in Rapsöl anrösten, würfelig geschnittenes Fleisch mitrösten, mit Wasser aufgießen, dass das Fleisch leicht bedeckt ist. Würzen, eine halbe Stunde dünsten lassen. Das Gemüse dazumengen, mitdünsten, bis alles gar ist. Mit Gmachtl (= etwas Mehl mit Wasser verquirlt) eindicken, fertig abschmecken.

Salzkartoffeln

Zutaten (10 Personen)
2000 g Kartoffeln (speckig) | etwas Butter | Salz | Kräuter

Zutaten (4 Personen)
800 g Kartoffeln (speckig) | etwas Butter | Salz | Kräuter

Zubereitung
Die Kartoffeln schälen, vierteln, in Salzwasser kochen; wenn sie gar sind abgießen, in Butter schwenken, salzen und Kräuter dazu mischen.

Eisbergsalat

Zutaten (10 Personen)
2 Eisbergsalate | 1 große Karotte | 1 kleine Dose Mais | Kräuteressig | Rapsöl | Salz | Pfeffer

Zutaten (4 Personen)
1 Eisbergsalat | 1 kleine Karotte | etwas Mais | Kräuteressig | Rapsöl | Salz | Pfeffer

Zubereitung
Den Eisbergsalat waschen und grobstreifig schneiden, mit Kräuteressig, Rapsöl und Gewürzen gut vermengen, die Karotte dazu reiben und den Mais drüberstreuen.

Karamellpudding

Zutaten (10 Personen)
1,5 l Milch | 3 Pckg. Puddingpulver (laut Beschreibung) - 60 g Vollwertzucker

Zutaten (4 Personen)
0,5 Milch | 1 Pckg. Puddingpulver (laut Beschreibung) - Vollwertzucker

Zubereitung
Die Milch in einen Topf geben, ein paar Löffel weggeben, zum Anrühren vom Puddingpulver verwenden. Die Milch aufkochen, vom Herd wegziehen und das mit kalter Milch angerührte Pulver langsam einlaufen lassen. Etwas Zucker dazu geben. In Schüsseln aufteilen.

Johannisbeersaft

Frittaten

Zutaten (10 Personen)
¼ l Milch | Salz | 1 großes Ei | 5 Löffel Vollkornmehl | Rapsöl
Die Menge ergibt 5 Palatschinken = 10 Portionen

Zutaten (4 Personen)
1/8 l Milch | Salz | 1 kleines Ei | 2 bis 3 Löffel Vollkornmehl | Rapsöl

Zubereitung
Rindsuppe siehe Seite 22.
Die Milch, das Ei, Salz und Mehl versprudeln, bis ein dicklicher Teig entsteht. In eine Pfanne etwas Öl geben, Teig in Portionen hineinleeren und auf jeder Seite leicht braun anbacken. Palatschinken in 4 Teile und der Breite nach in Streifen schneiden.

Fischburger

Zutaten (10 Personen)
10 Hamburgerweckerl mit Sesam | 10 Blatt grüner Salat | 20 Gurkenscheiben | 10 panierte Fischfilets oder 20 Fischstäbchen | Rapsöl

Zutaten (4 Personen)
4 Hamburgerweckerl mit Sesam | 4 Blatt grüner Salat | 8 Gurkenscheiben | 4 panierte Fischfilets oder 8 Fischstäbchen | Rapsöl

Zubereitung
Die Weckerl in der Mitte durchschneiden. Grünen Salat waschen und zerteilen, Gurkenscheiben schneiden. Die Fischfilets herausbacken. Die Weckerl kurz im Backofen aufbacken, mit Salat und Gurkenscheiben belegen und je einen Löffel Sauce und den Fisch darauf geben. Mit dem Deckel zudecken.

Weiße Sauce

Zutaten
1 Becher Joghurt 1% | 1 Becher Sauerrahm | 1 kleine Karotte | ½ grüner Paprika

Zubereitung

Joghurt und Sauerrahm mit Salz und Kräutern, Knoblauch, Pfeffer und dem kleinwürfelig geschnittenen Paprika verrühren, fein geraspelte Karotte dazu geben. Bleibt von der Sauce etwas übrig, kann man sie für ein Salatdressing verwenden.

Obstdessert

Je nach Saison schön dekorierten Obstteller herrichten.

Fruchtsaft nach Wunsch

Tipp:

Sesamkörner auf dem Weckerl sind wichtig, da wertvolle Mineralien, Eiweiß und Kieselsäure enthalten sind. Das Lecitin darin wirkt sich außerdem positiv auf das Nervensystem aus.

Brokkolicremesuppe

Zutaten (10 Personen)
2 l fertige Gemüsesuppe | 400 g Brokkoli | Salz | Pfeffer | Muskat | etwas Butter | 40 g Vollkornmehl | ½ Becher Sauerrahm | frische Kräuter | Dille und Schnittlauch

Zutaten (4 Personen)
1 l Suppe | 160 g Brokkoli | Salz | Pfeffer | Muskat | etwas Butter | 20 g Vollkornmehl | 2 Löffel Sauerrahm | frische Kräuter | Dille und Schnittlauch

Zubereitung
Brokkoli waschen, in kleine Stücke schneiden und in Butter kurz anrösten; mit Mehl stauben, mit der Suppe aufgießen, kochen (ca. 15 min), würzen und mit dem Mixstab pürieren. Mit dem verquirlten Sauerrahm verfeinern, wenn nötig eindicken, fertig abschmecken.
Gehackte Kräuter darüberstreuen.

Apfelstrudel

Die Zutaten sind für ungefähr 3 Strudel. Man kann auch fertigen Strudelteig verwenden.

Zutaten (10 Personen - 3 Strudel)
500 g Mehl (die halbe Menge kann aus Vollkornmehl bestehen) | 500 g Butter | 500 g Staubzucker | 1 Prise Salz

Zutaten (4 Personen - 2 kleine Strudel)
250 g Mehl | 250 g Butter | 250 g Staubzucker | Prise Salz

Zubereitung
Alle Zutaten miteinander verkneten und eine halbe Stunde kühl stellen. Den Teig auswalken und in die gewünschte Größe bringen. Ich gebe in einen Strudel ca. 500 g Fülle.

Fülle

Zutaten (10 Personen - 3 Strudel)
1500 g Äpfel | Zimt | 200 g Vollwertzucker | Rosinen nach Belieben | etwas Rum

Zutaten (4 Personen - 2 kleine Strudel)
800 g Äpfel | Zimt | 100 g Vollwertzucker | Rosinen nach Belieben | etwas Rum

Zubereitung
Die blättrig geschnittenen Äpfel in einer Schüssel mit Rum, Zimt und Zucker vermengen. Die ausgewalkten Strudelteile belegen, zusammenschlagen und mit Ei bestreichen; ca. 40 Minuten backen bei 170° C (Im Kombidämpfer 40 Minuten bei 160° HL).

Vanillesauce

Rezept siehe Seite 64.

Milch

Eiernockerl mit Salat Kunterbunt · Gebackene Apfelradl · Blutorangensaft

Eiernockerl

Zutaten (10 Personen)
500 g glattes Mehl | 500 g Dinkelmehl | 5 Eier | Salz | Muskat | lauwarmes Wasser | 2 Eier 1 Zwiebel | etwas Butter

Zutaten (4 Personen)
250 g glattes Mehl | 250 g Dinkelmehl | 2 große Eier | Salz | Muskat | lauwarmes Wasser 1 Ei | 1 Zwiebel | etwas Butter

Zubereitung
Aus dem Mehl, Eiern, Gewürzen und Wasser einen dünnflüssigen Teig zubereiten, durch ein Spätzlesieb in kochendes Wasser streichen und kurz aufkochen. Abseihen und mit kaltem Wasser abschrecken. Die klein geschnittene Zwiebel in Butter anrösten, Spätzle dazu geben, gut durchmengen und verquirlte Eier darüber geben. Durchmischen, würzen, die Kräuter darüberstreuen.

Salat Kunterbunt

Zutaten (10 Personen)
500 g grüne Salate, gemischt nach Saison | 100 g Weißkraut | 2 Karotten | 1 Zucchini | 1 Zwiebel | 1 Dose Mais | Apfelessig | Rapsöl | Salz | Pfeffer | Prise Zucker

Zutaten (4 Personen)
200 g grüne Salate | gemischt nach Saison | 40 g Weißkraut | 1 Karotte | 1 Zwiebel | ½ Dose Mais | Apfelessig | Rapsöl | Salz | Pfeffer | Prise Zucker

Zubereitung
Den grünen Salat waschen und zerkleinern, die anderen Gemüsesorten waschen, schälen und nach Belieben fein hobeln, raspeln oder schneiden. Die Zwiebel schälen und klein schneiden. Alles zusammen mit den Gewürzen, Essig und Öl vermengen.

Gebackene Apfelradl

Zutaten (10 Personen)
200 g Mehl | etwas Salz | 1 TL Zucker | 1 Vanillezucker | 4 Dotter | ¼ Liter Milch | Schnee von 4 Eiweiß | Rapsöl | 1 Schüssel Zimtzucker | Saft 1 Zitrone | 6 bis 7 Äpfel

Zutaten (4 Personen)

100 g Mehl | etwas Salz | 1 TL Zucker | 1 Vanillezucker | 2 Dotter | 125 ml Milch | Schnee von 2 Eiweiß | Rapsöl | 1 Schüssel Zimtzucker | Saft ½ Zitrone | 3 große Äpfel

Zubereitung

Die Äpfel schälen, Kerngehäuse ausstechen, in ca. 1 cm dicke Scheiben schneiden. Mit Zitronensaft beträufeln.

Teig aus allen Zutaten vorbereiten. Schnee vom Eiklar mit Vanillezucker steif schlagen und unter die Teigmasse heben. Der Teig soll dickflüssig sein. In eine Pfanne hochwertiges Öl (Rapsöl) daumendick eingießen, die Temperatur muss so heiß sein, dass man ein Zischen hört, wenn eine in Wasser getunkte Gabelspitze durch das Fett gezogen wird.

Die Apfelscheiben durch den Teig ziehen, ins heiße Fett geben und nach und nach herausbacken. Wenn sie hellbraun sind, wenden und weiterbacken; man legt sie dann auf Küchenrolle.

Am Teller mit Zimt-Zucker bestreuen.

Blutorangensaft

Paella · Kopfsalat · Müslicreme mit frischen Früchten · Fruchtsaft

Paella

Zutaten (10 Personen)
600 g Dinkelreis | 1 Zwiebel | 3 Knoblauchzehen | 1 Dose Tomatenwürfel | je 1 grüner, roter, gelber Paprika | 1 Zucchini | 1000 g Rotbarsch | Olivenöl | ca. 3/4 l klare Gemüsesuppe | Salz | Pfeffer | Petersilie

Zutaten (4 Personen)
240 g Dinkelreis | 1 Zwiebel | 1 Knoblauchzehe | ½ Dose Tomatenwürfel | je ½ grüner, roter, gelber Paprika | ½ Zucchini | 400 g Rotbarsch | Olivenöl | ca. 3/8 l klare Gemüsesuppe Salz | Pfeffer | Petersilie

Zubereitung
Die geschälte, klein geschnittene Zwiebel in Olivenöl anrösten, die würfelig geschnittenen Zucchini, die nudelig geschnittenen Paprika und den zerdrückten Knoblauch dazu geben; alles kurz mitrösten, den Reis dazu geben, ebenfalls mitrösten; mit Tomatenwürfel und Suppe aufgießen. Alles einmal aufkochen, würzen und im Rohr zugedeckt 20 Minuten dünsten.
Dann den in Würfel geschnittenen Fisch beigeben, alles nochmals 10 Minuten fertig köcheln und zuletzt abschmecken.
Mit Petersilie vollenden.

Kopfsalat

Zutaten (10 Personen)
2 Häuptelsalat | 1 Karotte | Apfelessig | Rapsöl | Salz | Pfeffer | Salatkräuter

Zutaten (4 Personen)
1 kleine Karotte | 1 Kopfsalat | Apfelessig | Rapsöl | Salz | Pfeffer | Salatkräuter

Zubereitung
Den gewaschen, zerkleinerten Salat mit der geraspelten Karotte mit dem Essig-Öl-Gemisch und den Gewürzen gut vermengen.

Müslicreme mit frischen Früchten

Zutaten (10 Personen)

500 g Äpfel | 1 Orange | 1/8 l Joghurt 1% | 70 g Honig | 250 g Haferflocken | 0,1 l Orangensaft | 0,2 l Obers steif schlagen

Zutaten (4 Personen)

200 g Äpfel | 1 Orange | 1/8 l Joghurt 1% | 30 g Honig | 100 g Haferflocken | 0,1 l Orangensaft | 0,2 l Obers steif schlagen

Zubereitung

Das Joghurt mit den geraspelten Äpfeln, der klein geschnittenen Orange, Honig, Haferflocken, Orangensaft und dem steif geschlagenen Obers vermengen, in Schüsserl aufteilen, nett garnieren oder einen Tupfen Erdbeermus darauf geben.

Fruchtsaft nach Saison

Szegediner Gulasch mit Brot und Gebäck Biskuitroulade Orangensaft

Szegedinger Gulasch

Zutaten (10 Personen)

1200 g Schweinsnuss | 4. Zwiebeln | 1200 g Sauerkraut | 3 EL Rapsöl | 2 l Gemüsesuppe (Würfel) | süßer Paprika | Kümmel | Salz | Pfeffer | Majoran | 3 Zehen Knoblauch | 4 EL Sauerrahm | 2 EL Dinkelmehl | 500 g mehlige Kartoffeln

Zutaten (4 Personen)

480 g Schweinsnuss | 2 Zwiebeln | 480 g Sauerkraut | Rapsöl | 1 l Gemüsesuppe (Würfel) | süßer Paprika | Kümmel | Salz | Pfeffer | Majoran | 2 Zehen Knoblauch | 2 EL Sauerrahm | 1 EL Dinkelmehl | 200 g mehlige Kartoffeln

Zubereitung

Die kleingeschnitten Zwiebeln in Olivenöl braun anrösten, die Fleischwürfel mitrösten. Mit der Suppe aufgießen, würzen und das Sauerkraut dazu geben;
ca. 45 Minuten zugedeckt dünsten lassen.
Die würfelig geschnittenen Kartoffeln dazu geben, in etwa 15 Minuten fertig kochen und mit Mehl-Sauerrahmgmachtl eindicken. Den gepressten Knoblauch dazu geben.
Wenn nötig, noch einmal nachwürzen.

Man kann Bauernbrot oder Vollwertgebäck dazu geben

Biskuitroulade

Zutaten (ca. 24 Stück)

6 Eier | 100 g Zucker | 150 g Buchweizenmehl | 70 g Haselnüsse | Vanillezucker | Zitronenzeste (Schale von ½ Zitrone abreiben) | Salz | Backpulver | 3 EL warmes Wasser | 200 g Himbeermarmelade

Zubereitung

Die Eier mit Zucker schaumig rühren, warmes Wasser, Salz, Zeste dazu geben und noch einmal gut weiterrühren. Mehl, Nüsse und Backpulver vermischen und vorsichtig unter die Masse heben. Auf ein mit Backpapier belegtes Backblech dünn aufstreichen und bei 175° C ca. 12 bis 15 Minuten backen.
Im Kombidämpfer bei 160° C, HL ca. 12-15 Minuten.

Orangensaft (verdünnt mir Wasser)

Klare Rindsuppe mit Einlage · Gebackener Dorsch · Sauce Tartare · Kartoffel-Gurkensalat · Holler-Apfelsaft

Rindsuppe mit Einlage

Rindsuppe siehe Seite 22.
Einlage: z. B. Backerbsen, Nudeln, Buchstaben …

Gebackener Dorsch

Zutaten (10 Personen)

10 Dorschfilets (a 200 g) | 2 Eier | glattes Mehl (mit etwas Vollkornmehl) zum Wenden | Semmelbrösel | etwas Zitronensaft | Salz | Pfeffer | Rapsöl

Zutaten (4 Personen)

4 Dorschfilets (a 200 g) | 1 Ei | glattes Mehl (mit etwas Vollkornmehl) zum Wenden | Semmelbrösel | etwas Zitronensaft | Salz | Pfeffer | Rapsöl

Zubereitung

Fisch mit Zitronensaft beträufeln, salzen, pfeffern und in Mehl wenden. Das aufgeschlagene Ei in eine Schüssel geben, den Dorsch durchziehen. Zum Schluss in Semmelbröseln wälzen, leicht andrücken und in Öl herausbacken.

Sauce Tartare

Zutaten (10 Personen)

½ Becher Joghurt 1% | ½ Tube Mayonnaise (leicht) | 2 Essiggurkerln | ½ roter Paprika | Salz | Pfeffer | Kräuter

Zubereitung

Joghurt, Mayonnaise, kleingeschnittene Gurkerl und würfelig geschnittenen Paprika mit den Gewürzen und Kräutern gut vermengen. Übrig gebliebene Sauce als Salatmarinade verwenden.

Kartoffel-Gurkensalat

Zutaten (10 Personen)

1000 g speckige Kartoffeln | 500 g Salatgurken | Apfelessig | Rapsöl | Salz | Pfeffer | Prise Zucker | 2 Zehen Knoblauch

Zutaten (4 Personen)
400 g speckige Kartoffeln | 200 g Salatgurken | Apfelessig | Rapsöl | Salz | Pfeffer | Prise Zucker | 1 Zehe Knoblauch

Zubereitung
Die Kartoffeln kochen, schälen und blättrig schneiden. Dann gibt man die geschälten, blättrig gehachelten Gurken dazu, würzt, vermengt die Masse mit Essig und Öl, und lässt den Salat ca. ½ Stunde ziehen.
Dann fertig abschmecken und feingeschnittene Dille dazu geben.

Holler-Apfelsaft

Selleriecremesuppe

Zutaten (10 Personen)

2 l klare Gemüsesuppe (ev. Würfel) | 1 Sellerieknolle | 1 kleine Karotte | 1 Petersilienwurzel | Rapsöl | 100 g Vollkornmehl | Muskat | Salz | Pfeffer | 1/8 l Sauerrahm | etwas Zitronensaft (dass der Sellerie schön weiß bleibt) | Petersilie

Zutaten (4 Personen)

1 l klare Gemüsesuppe | ½ Sellerieknolle | 1 kleine Karotte | 1 Petersilienwurzel | Rapsöl | 50 g Vollkornmehl | Muskat | Salz | Pfeffer | 2 EL Sauerrahm | etwas Zitronensaft | Petersilie

Zubereitung

Das Gemüse schälen, in Würfel schneiden und in Salzwasser weichkochen, dann pürieren. Mit einem Mehlgmachtl etwas eindicken und mit Sauerrahm verfeinern; würzen. 1 fein geriebene Karotte darunter mengen, das sieht bunter aus, und mit Petersilie bestreuen.

Nuss-Nudeln

Zutaten (10 Personen)

325 g glattes Mehl | 300 g Vollkornmehl | 125 g Magertopfen | 5 Eier | Salz | geriebene Zitronenschale | Vanille | 200 g gemahlene Nüsse | etwas Vanillezucker | 75 g Butter

Zutaten (4 Personen)

160 g glattes Mehl | 150 g Vollkornmehl | 60 g Magertopfen | 2 große Eier | Salz | geriebene Zitronenschale | Vanille | 100 g gemahlene Nüsse | etwas Vanillezucker | 30 g Butter

Zubereitung

Mehl, Topfen, Eier und Aromen zu einem glatten Teig verarbeiten und ½ Stunde rasten lassen. Aus dem Teig dünne Rollen formen und mit der Teigkarte kleine Stücke abstechen. In Salzwasser kurz kochen. Die Nüsse in Butter rösten, den Vanillezucker darüber streuen, und die noch heißen Nudeln in den Nüssen wälzen.

Marillenmus

Zutaten (10 Personen)

2000 g Marillen (frisch oder tiefgekühlt) | Vollzucker oder Honig

Zutaten (4 Personen)
800 g Marillen (frisch oder tiefgekühlt) | Vollzucker oder Honig

Zubereitung
Die Marillen entkernen, vierteln und kurz dämpfen; oder 10 Minuten in kochendes Zuckerwasser geben, abseihen, pürieren, fertig süßen.

Bananenmilch

Zutaten (10 Personen)
5 Bananen | 1,5 Liter Milch | Saft einer halben Zitrone

Zutaten (4 Personen)
2 große Bananen | 1 Liter Milch | Saft einer halben Zitrone

Zubereitung
Die Bananen in Stücke schneiden, in ein hohes Gefäß geben und mit der Milch (mit Pürierstab) mixen; nach Geschmack süßen.

Tipp:

Die Nudeln können auch mit Mohn- oder Zimtbröseln serviert werden. Außerdem passen Pfirsich- und Erbeermus ebenfalls sehr gut dazu.

Paprikaschnitzerl mit Risipisi · Salatteller nach Wahl · Obstplatte · Eistee

Paprikaschnitzerl

Zutaten (10 Personen)
10 Puten- oder Schweinsschnitzel (à 200 g) | Salz | Pfeffer | 1 grüner, 1 roter Paprika | einige Spritzer Zitronensaft | Suppenwürfel (pflanzlich) | 2 EL Vollkornmehl | Rapsöl

Zutaten (4 Personen)
4 Puten oder Schweinsschnitzel (à 200 g) | Salz | Pfeffer | ¼ grüner, ¼ roter Paprika | Spritzer Zitronensaft | Suppenwürfel (pflanzlich) | 1 EL Vollkornmehl | Rapsöl

Zubereitung
Die Schnitzel klopfen, salzen, pfeffern, in Mehl wälzen und heraus braten.
Das angebratene Fleisch in eine andere, höhere Pfanne geben, mit etwas Suppe aufgießen, dass die Schnitzel bedeckt sind. Den würfelig geschnittenen Paprika beifügen, würzen und etwa 30 Minuten dünsten.Wenn nötig noch ein wenig eindicken (mit Mehlgmachtl). Mit Petersilie anrichten.

Risipisi

Zutaten (10 Personen)
800 g Naturreis | 100 g Erbsen | 100 g Karotten | Butter | Salz | Schnittlauch

Zutaten (4 Personen)
320 g Naturreis | 50 g Erbsen | 100 g Karotten | Butter | Salz | Schnittlauch

Zubereitung
Den Reis mit der doppelter Menge Wasser kochen (je nach Reis und Beschreibung), die Karotten (würfelig geschnitten und ca. 10 Minuten gedämpft) und die Erbsen dazu geben, kurz mitdämpfen, abschmecken, mit Salz und etwas zerlassener Butter vermengen. Geschnittenen Schnittlauch darüber geben.

Obstplatte

Obststücke der Saison in Stücke schneiden und auf einer Platte nett anrichten.

Früchtetee

Am Vortag einen Früchtetee zubereiten, kühlen und kurz vor dem Servieren mit frisch gepressten Orangen und Zitronen vermengen. Nach Geschmack mit Zucker verrühren.

Vegetarischer Nudelauflauf · Grüner Salatmix · Kürbis-Apfelkompott · Zitronenmelissensaft

Nudelauflauf

Zutaten (10 Personen)
600 g Nudeln (Hörnchen) | 900 g Zucchini | 600 g Champignons | 600 g Tomaten | 7 Eier | ½ l Sauerrahm | 600 g Mozzarella (light) | Kräuter | Salz | Pfeffer

Zutaten (4 Personen)
240 g Nudeln (Hörnchen) | 360 g Zucchini | 240 g Champignons | 240 g Tomaten | 3 Eier | ¼ l Sauerrahm | 240 g Mozzarella (light) | Kräuter | Salz | Pfeffer

Zubereitung
Die Hörnchen in Salzwasser kochen bis sie weich sind, dann absieben und in eine Schüssel geben. Klein geschnittenes Gemüse mit den Hörnchen vermischen, den Mozzarella in kleine Würfel schneiden und darunter mengen. Den Sauerrahm und die Eier verquirlen und über die Nudelmenge leeren. Alles gut vermischen und würzen.
In eine höhere Wanne einfüllen und bei 170° C ca. 30 Minuten backen.

Kürbis-Apfelkompott

Zutaten (10 Personen)
5 kleine Äpfel | 500 g Kürbis (z. B.Sorte Muskat) | 1 l Wasser | Vollwertzucker | etwas Zitronensaft | 1 Zimtstange

Zutaten (4 Personen)
3 kleine Äpfel | 200 g Kürbis (z. B. Sorte Muskat) | ½ l Wasser | Vollwertzucker | etwas Zitronensaft | ½ Zimtstange

Zubereitung
Den Kürbis schälen, in Würfel schneiden und in Wasser mit etwas Zitronensaft, Zucker und der Zimtstange kochen lassen.
Die Äpfel mit der Schale in kleine Stücke schneiden und ca. 5 Minuten mit dem Kürbiskompott mitkochen; süßen.
Abkühlen lassen und servieren.

Grüner Salatmix

Zutaten (10 Personen)
1 Tasse Vogerlsalat | 1 Eichblattsalat | 1 gelber Paprika | Balsamikoessig | Olivenöl | Salz | Pfeffer | 1 Prise Salz

Zutaten (4 Personen)
½ Tasse Vogerlsalat | 1 Eichblattsalat | ½ gelber Paprika | Balsamikoessig | Olivenöl | Salz | Pfeffer | Prise Salz

Zubereitung
Die Salate waschen, den Eichblattsalat zerkleinern, in eine Schüssel geben, würzen, Essig und Öl dazu geben und den kleinwürfelig geschnittenen Paprika darüber streuen.

Zitronenmelissensaft

Zwiebelsuppe · Gemüsetacos mit Dip · Chinakohlsalat · Fruchtsaft

Zwiebelsuppe

Zutaten (10 Personen)
400 g Zwiebeln | 3 EL Olivenöl | 2 ½ l Wasser | Suppenwürfel (pflanzlich) | Majoran | 2 Zehen Knoblauch | Salz | Pfeffer | 5 Scheiben Toastbrot | 5 Scheiben Edamer

Zutaten (4 Personen)
150 g Zwiebeln | etwas Olivenöl | 1 l Wasser | Suppenwürfel (pflanzlich) | etwas Majoran | 1 Zehe Knoblauch | Salz | Pfeffer | 2 Scheiben Toastbrot | 2 Scheiben Edamer

Zubereitung
Zwiebeln schälen, in dünne Scheiben schneiden und in Olivenöl anrösten, bis sie eine schöne hellbraune Farbe haben; dann mit Knoblauch und Majoran, Salz, Pfeffer und Suppenwürfel würzen und mit Wasser aufgießen. Durchkochen und fertig abschmecken. Die Toastscheiben mit Käse belegen, im Rohr hellbraun backen.
Toasts quer durchschneiden und je ein Stück vor dem Servieren auf jede Suppe geben.

Gemüsetacos mit Dip

Zutaten (10 Personen)
0,6 l Milch | 300 g Buchweizenmehl | 4 Eier | Salz

Zutaten (4 Personen)
0,3 l Milch | 150 g Buchweizenmehl | 2 Eier | Salz

Zubereitung
Aus den Zutaten einen Palatschinkenteig herstellen und Palatschinken herausbacken.

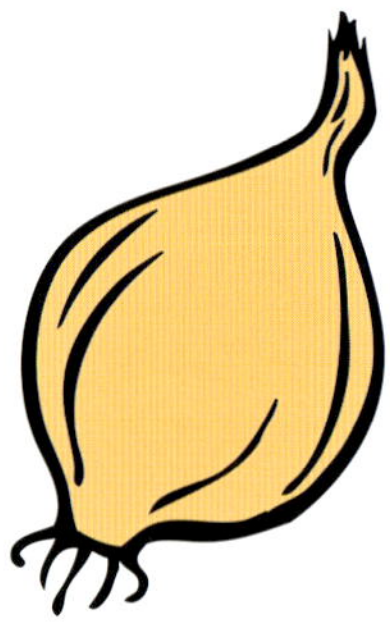

Fülle

Zutaten (10 Personen)
200 g Zwiebeln | 200 g Paprika | 200 g Zucchini | 200 g Melanzani | 200 g Tomaten | 20 g Tomatenmark | Salz | Pfeffer | 2 Zehen Knoblauch | Petersilie

Zutaten (4 Personen)
80 g Zwiebeln | 80 g Paprika | 80 g Zucchini | 80 g Melanzani | 80 g Tomaten | 10 g Tomatenmark | Salz | Pfeffer | 1 Zehe Knoblauch | Petersilie

Zubereitung
Die Zwiebeln schälen und in Würfel schneiden, in Olivenöl anschwitzen, alle Gemüsesorten kleinwürfelig schneiden, dazu geben und mitrösten. Den zerdrückten Knoblauch beigeben, Tomatenmark und würfelig geschnittene Tomaten einrühren. Alles leicht rösten und würzen.
Das Gemüse in den Palatschinkenteig füllen und zu Tacos (schaut aus wie eine Tüte) zusammenschlagen. Mit Dip servieren.

Dip

Zutaten
400 g Avocados, anstatt Avocados kann man auch Salatgurken verwenden | 200 g Joghurt 1% | Zitronensaft | Salz | Pfeffer

Zubereitung
Die Avocados schälen, entkernen und zerdrücken (oder Gurken mit Schale fein raspeln) und mit den anderen Zutaten gut vermengen. (Bleibt ein Rest der Sauce, kann man sie als Salatdressing verwenden.)

Chinakohlsalat

Zutaten (10 Personen)
1 kg Chinakohl | 1 Karotte | 1 Zwiebel | Salz | Prise Zucker | Apfelessig | Rapsöl

Zutaten (4 Personen)
400 g Chinakohl | 1 kleine Karotte | 1 kleine Zwiebel | Salz | Prise Zucker | Apfelessig | Rapsöl

Zubereitung
Den Salat in feine Streifen schneiden und waschen; mit den fein geschnittenen Zwiebeln und den Gewürzen vermengen.

Fruchtsaft nach Wahl

Apfel-Curry-Rahmsuppe ✿ Hascheeknödel mit Bratensaft ✿ Krautsalat ✿ Vitaminpower

Apfel-Curry-Rahmsuppe

Zutaten (10 Personen)

10 Äpfel (z. B. Jonagold, Elstar) | Saft 1 Zitrone | 2 Zwiebeln | 4 EL Butter | 1 EL Currypulver | 1 TL frisch geriebener Ingwer | 4 Gewürznelken | 1 l fertige Hühnersuppe | ¼ l Obers | 125 ml Apfelsaft | 2 TL Honig | Salz | Suppenwürze (pflanzlich)

Zutaten (4 Personen)

4 Äpfel (z. B. Jonagold, Elstar) | Saft ½ Zitrone | 1 Zwiebel | 2 EL Butter | ½ EL Currypulver | ½ TL frisch geriebener Ingwer | 2 Gewürznelken | ½ l Hühnersuppe | 125 ml Obers | 60 ml Apfelsaft | 1 TL Honig | Salz | Suppenwürze (pflanzlich)

Zubereitung

Die geschälten, geviertelten Äpfel dünn stifteln und mit Zitronensaft beträufeln.
Fein geschnittene Zwiebeln mit den Äpfeln (einige zurückbehalten) in Butter rösten, mit der Suppe aufgießen, alle Gewürze dazu geben und ca.15 Minuten kochen.
Die Nelken herausfischen, die Suppe pürieren und mit Obers verfeinern.
Fertig abschmecken, Suppe anrichten, mit Apfelstiften garnieren.

Hascheeknödel

Zutaten (Erdäpfelteig - 10 Personen = 20 Knödel)

1000 g Kartoffeln (mehlige) | 220 g griffiges Mehl | 55 g Butter | 55 g Grieß (fein) | 2 Eier | Salz | Muskat

Zutaten (Fülle - 10 Personen = 10 Knödel)

1000 g magerer Bauch | 500 g faschierte Wurst (Braunschweiger) | 2 Zehen Knoblauch | Salz | Pfeffer | Majoran | Kräuter

Zutaten (Erdäpfelteig - 4 Personen = 20 Knödel)

400 g Kartoffeln (mehlig) | 88 g griffiges Mehl | 30 g Butter | 30 g Grieß (fein) | 1 Ei | Salz | Pfeffer

Zutaten (Fülle - 4 Personen = 10 Knödel)

500 g magerer Schweinsbauch | 250 g faschierte Wurst (Braunschweiger) | 1 Zehe Knoblauch | Salz | Pfeffer | Majoran | Kräuter

Zubereitung

Die Kartoffeln 20 Minuten kochen, schälen, pressen, mit Ei, Mehl, Butter und Gewürzen verkneten, etwas rasten lassen. Rollen formen, mit der Teigkarte oder mit dem Messerrücken kleine Teigstücke abstechen. Den Schweinsbauch im Rohr braten und faschieren. Mit der Wurst, den Gewürzen und Kräutern vermengen. Knödel formen. Die Knödel mit Kartoffelteig umhüllen, fest andrücken und in Salzwasser ca.10 Minuten kochen. Bratensauce oder Gulaschsauce dazu geben.

Krautsalat

Zutaten (10 Personen)

2000 g Weißkraut | 100 g Magerspeckwürfel | Apfelessig | Rapsöl | Salz | Kümmel | 1 Prise Zucker

Zutaten (4 Personen)

800 g Weißkraut | 40 g Magerspeckwürfel | Apfelessig | Rapsöl | Salz | Kümmel | Prise | Zucker

Zubereitung

Kraut putzen und mit einem Krauthobel zerkleinern; mit Essigwasser, Öl, Kümmel, Salz, Zucker vermengen. Mit gerösteten Speckwürfeln vermischen, zugedeckt etwas stehen lassen, nachwürzen.

Vitaminpower

Frische Früchte, z. B. Orangen, Karotten auspressen.

Zucchini-Cremesuppe

Zutaten (10 Personen)

2 Zwiebeln | Olivenöl | 1000 g Zucchini | 3 Kartoffeln | 1 Karotte | 2 Knoblauchzehen | Salz | Pfeffer | Suppenwürfel (pflanzlich) | 2 Liter Suppe

Zutaten (4 Personen)

1 Zwiebel | Olivenöl | 400 g Zucchini | 1 große Kartoffel | 1 Karotte | 1 Knoblauchzehe | Salz | Pfeffer | Suppenwürfel (pflanzlich) | 1 Liter Wasser

Zubereitung

Die Zwiebeln schälen, fein hacken, in Öl anschwitzen, die blättrig geschnittenen Zucchini (Schale dranlassen) mitrösten (eine kleine Schüssel zur Dekoration aufbewahren), die rohen, geraspelten Kartoffeln dazu geben. Knoblauch untermengen, mit der Suppe aufgießen, würzen und in etwa 20 Minuten weich kochen, anschließend pürieren. Die Karotte fein darunter reiben und die Schüssel Zucchini dazu geben. Wenn nötig, noch etwas eindicken. Mit Mehlgmachtl, Obershäubchen und Kräutern bestreut servieren.

Haustoast

Zutaten (10 Personen)

20 Toastscheiben | 1 Becher Schlagobers | 300 g Schinken | 1 kleine Dose Mais | je ½ roter, gelber, grüner Paprika | 300 g Pizzakäse light | Salz | Pizzagewürz

Zutaten (4 Personen)

8 Toastscheiben | ½ Becher Schlagobers | 120 g Schinken | ½ Dose Mais | je ¼ roter, grüner, gelber Paprika | 120 g Pizzakäse light | Salz | Pizzagewürz

Zubereitung

Schinken und Paprika in kleine Würfel schneiden und mit dem Mais in eine größere Schüssel geben. Mit Salz und Pizzagewürz würzen, geschlagenes Obers und Pizzakäse darunter rühren.
Die Masse ca.1 cm hoch auf Toastbrot streichen und im Rohr backen;
ca. 10 Minuten bei 120 bis 130° C.

Salate nach Belieben und nach Saison dazu servieren

Apfelsaft

Ananas in Kokos-Backteig. (Rezept siehe Seite 103)

Geflügel-Einmachsuppe ❦ Marmeladepalatschinken ❦ Heiße Schokolade

Geflügel-Einmachsuppe

Zutaten (10 Personen)

700 g Hendlbrüstchen | 200 g Wurzelgemüse (Karotte, Sellerie, Petersilwurzel, Pastinake) 2 ½ l Wasser | Salz | Pfeffer | Suppenwürfel (pflanzlich) | etwas Dinkelmehl | frische Kräuter

Zutaten (4 Personen)

280 g Hendlbrüstchen | 100 g Wurzelgemüse (Karotten, Sellerie usw.) | 1 Liter Wasser | Salz | Pfeffer | Suppenwürfel (pflanzlich) | etwas Dinkelmehl | frische Kräuter

Zubereitung

Hühnerfleisch mit Gemüse ca. ½ Stunde kochen, bis das Fleisch weich ist. Suppe abseihen, Wurzelgemüse und Hühnerfleisch klein schneiden. In einem anderen Topf eine leichte Einbrenn bereiten (etwas Butter heiß werden lassen, Mehl dazu geben, durchrösten), mit der Suppe aufgießen; dabei rühren. Das zerkleinerte Fleisch und das Gemüse hinein geben, fertig würzen, mit Petersilie bestreuen.

Marmeladepalatschinken

Zutaten (10 Personen - ca. 20 Stück)

1 l Milch | 4 Eier | Salz | Mehl (die Hälfte davon Dinkelmehl) je nach Bedarf | Rapsöl | Marillenmarmelade

Zutaten (4 Personen - ca. 10 Stück)

½ l Milch | 2 Eier | Salz | Mehl nach Bedarf | Rapsöl | Marillenmarmelade

Zubereitung

Man gibt die Milch in ein hohes Gefäß und verquirlt sie mit Eiern, Salz und so viel Mehl, dass ein dickflüssiger Teig entsteht. Palatschinken, Stück für Stück, in einer mit Rapsöl befetteten Pfanne herausbacken. Mit Marillenmarmelade füllen.

Heiße Schokolade

Aus Milch und Kakaopulver heiße Schokolade zubereiten und dazu servieren.

Schweinsbraten mit Semmelrolle mit warmem Krautsalat, Fruchtcocktail und Schiwasser. (Rezept siehe Seite 116/117)

Buntes Püree. (Rezept siehe Seite 103)

Nudelpizza

Zutaten (10 Personen)

800 g Hörnchen | 2 Pakete Pomito (passierte Tomaten, je ½ l oder Sauce Rustica) | 1 große Karotte | 1 Zucchini | 10 Champignons | 200 g Toastschinken | 200 g Pizzakäse light | Salz | Pizzagewürz | Rapsöl

Zutaten (4 Personen)

320 g Hörnchen | 1 Paket Pomito | 1 Karotte | ½ Zucchini | 5 Champignons | 80 g Toastschinken | 80 g Pizzakäse light | Salz | Pizzagewürz | Rapsöl

Zubereitung

Die Hörnchen in Salzwasser kochen, abseihen. Die passierten Tomaten mit geraspelter Karotte, grob geraspelten Zucchini und blättrig geschnittenen Champignons in einer Pfanne dünsten, würzen mit Pizzagewürz, Salz, Pfeffer und Suppenwürfel.
Kleinstreifig geschnittenen Schinken, Pizzakäse und Gemüsemasse mit den Nudeln vermengen, nachwürzen, in eine befettete Form füllen und im Rohr 15 bis 20 Minuten bei 150° C backen bis der Käse leicht braun ist.
Mit frischen Kräutern bestreuen.

Frühlingssalat mit Kräuterdressing

Zutaten (10 Personen)

2 Kopfsalate | 1 Bund Radieschen | 1 gelber Paprika | 2 Stangen Staudensellerie | 1 Schachtel Kresse

Zutaten (4 Personen)

1 Kopfsalat | 5 Radieschen | ½ gelber Paprika | 1 Stange Sellerie | etwas Kresse

Zutaten (Kräuterdressing)

½ Bund Petersilie | ½ Bund Schnittlauch | ½ Bund Dille | 250 g Magerjoghurt | 2 EL Rapsöl | 1 EL Apfelessig | Salz | Pfeffer

Zubereitung

Salat und Gemüse waschen und putzen, in kleine Stücke zerteilen (Radieschen und Paprika in kleine Würfel schneiden), Sellerie in dünne Scheiben schneiden. Kräuter grob hacken, Joghurt mit Kräutern, Essig und Öl pürieren, mit Salz und Pfeffer abschmecken.
Die Zutaten miteinander vermengen.

Müslicreme

Zutaten (10 Personen)
400 g Äpfel | 0,8 l Joghurt 1% | etwas Honig | 250 g Haferflocken (oder Flockenmischung) | 0,1 l Orangensaft | 0,2 l Obers | 250 g Beerenmischung für Fruchtspiegel | 7 Blatt Gelatine | etwas Vollwertzucker

Zutaten (4 Personen)
160 g Äpfel | 0,4 l Joghurt 1% | etwas Honig | 100 g Haferflocken (oder Flockenmischung) | ½ Becher Orangensaft | ½ Becher Obers | 100 g Beerenmischung für Fruchtspiegel | 3 Blatt Gelatine | etwas Vollwertzucker

Zubereitung
Die Äpfel mit der Schale grob raspeln, mit Joghurt und Haferflocken vermengen,
30 Minuten stehen lassen, den Honig und den Orangensaft dazu geben. Die Gelatine in kaltem Wasser einweichen, gut ausdrücken, in etwas erwärmtem Orangensaft unter ständigem Rühren auflösen, wieder abkühlen und unter die Creme heben. Das geschlagene Obers darunter ziehen.
Die Beerenmischung mit Pürierstab mixen, mit Vollwertzucker süßen.
Das Müsli auf Fruchtspiegel anrichten.

Hibiskustee zubereiten und mit Honig süßen

Herbstlicher Eintopf

Zutaten (10 Personen)
1000 g Schweinsnuss | 2 Zwiebeln | 500 g Kürbis (Sorte evtl. Muskat) | 500 g Kartoffeln (speckig) | Salz | Pfeffer | Majoran | Suppenwürze (pflanzlich) | 2 EL Sauerrahm zum Verfeinern

Zutaten (4 Personen)
400 g Schweinsnuss | 1 Zwiebel | 200 g Kürbis (Sorte evtl. Muskat) | 200 g Kartoffeln (speckig) | Salz | Pfeffer | Majoran | Suppenwürze (pflanzlich) 1 EL Sauerrahm zum Verfeinern

Zubereitung
Zwiebeln schälen, klein schneiden, in Olivenöl anrösten, das Schweinefleisch würfelig schneiden und mitrösten, mit Wasser bedecken und dünsten.
Kürbis schälen, grob raspeln und mit den würfelig geschnittenen Kartoffeln die letzte ¼ Stunde mitdünsten, würzen, mit Sauerrahm verrühren, eventuell etwas eindicken mit Maizena oder Mehlgmachtl. Mit verschiedenen Kräutern verfeinern.

Überraschungsguglhupf

Zutaten (24 Stück)
250 g Butter | 250 g Vollwertzucker | 150 g griffiges Mehl | 100 g Vollwertmehl | 4 Eier (Eier trennen) | 1 Pkg. Vanillezucker | 1 Pkg. Backpulver | 2 große Äpfel | 125 g Nüsse | 100 g Schokolade

Zubereitung
Aus Butter, Zucker, Dotter, Vanille einen Abtrieb machen. Die geraspelten Äpfel mit der Schale, geriebene Nüsse und die geriebene Schokolade dazumengen. Zuletzt den Schnee und das mit Backpulver vermengte Mehl darunter heben. Die Masse in eine befettete Form geben und backen. Im Backrohr ca. 30 bis 40 Minuten bei 175° C. Nach Wunsch eine Schokoglasur darüber geben!

Himbeer-Verdünnungssaft

Hascheeknödel (Rezept siehe Seite 88)

Wiener Cordon bleu von der Pute · Petersilienkartoffeln · Gurkensalat · Erdbeerpudding · Dreifruchtsaft

Cordon bleu

Zutaten (10 Personen)
10 Putenschnitzel (je 200 g) | 10 Blatt Schinken | 10 Blatt Edamer | etwas Mehl | 2 Eier | Semmelbrösel | Rapsöl

Zutaten (4 Personen)
4 Putenschnitzel (je 200 g) | 4 Blatt Schinken | 4 Blatt Edamer | etwas Mehl | 1 Ei | Semmselbrösel | Rapsöl

Zubereitung
Die Schnitzel klopfen, mit Salz und Pfeffer würzen. Die Käsescheibe und das Schinkenblatt auf das Schnitzel legen, zusammenklappen, mit einem Zahnstocher die Enden zusammenstecken. Die Schnitzel in Mehl wenden und durch die aufgeschlagenen Eier ziehen; zum Schluss mit den Semmelbröseln panieren, leicht andrücken. In einer Pfanne in heißem Öl herausbacken.

Petersilienkartoffeln

Zutaten (10 Personen)
2000 g speckige Kartoffeln | 100 g Butter | Salz | Petersilie

Zutaten (4 Personen)
800 g speckige Kartoffeln | 50 g Butter | Salz | Petersilie

Zubereitung
Die Kartoffeln schälen und in Salzwasser kochen oder dämpfen. Wenn sie fertig gekocht sind, in Butter schwenken, salzen und mit Petersilie bestreuen.

Gurkensalat

Zutaten (10 Personen)
1500 g Salatgurken | 500 g Karotten | Salz | Pfeffer | etwas Zucker | 2 Knoblauchzehen | Kräuteressig | Rapsöl | Dille

Zutaten (4 Personen)
600 g Salatgurken | 200 g Karotten | Salz | Pfeffer | etwas Zucker | 1 Knoblauchzehe | Kräuteressig | Rapsöl | Dille

Zubereitung
Die Gurken schälen, nach Belieben schneiden und die geraspelten Karotten darunter mengen, würzen, mit den anderen Zutaten vermischen und mit geschnittener Dille verfeinern.

Erdbeerpudding

Zutaten (10 Personen)
1,5 l Milch | 3 Pkg. Puddingpulver (nach Packungsbeschreibung) | 80 g Zucker (½ Vollzucker, ½ Normalzucker) | 200 g Erdbeeren

Zutaten (4 Personen)
0,5 l Milch | 1 Pkg. Puddingpulver (nach Packungsbeschreibung) | 40 g Zucker (½Vollzucker, ½ Normalzucker) | 100 g Erdbeeren

Zubereitung
Ein paar Löffel Milch mit dem Puddingpulver glatt rühren. Restliche Milch erhitzen, Puddingpulver unter ständigem Rühren einmengen, süßen, kleine Erdbeerstücke darunter mengen.

Dreifrucht-Verdünnungssaft

Powersuppe · Flaumige Topfennockerl mit Nussbrösel auf Zwetschkenröster · Cappy gespritzt

Powersuppe

Zutaten (10 Personen)
160 g Grünkern (geschrotet) | 1,6 Liter Gemüsesuppe (Würfel) | 200 g Brokkoli | 1 Karotte | 200 g Magermilch | 100 ml Sauerrahm | Salz | Pfeffer | frische Kräuter

Zutaten (4 Personen)
80 g Grünkern (geschrotet) | 0,8 Liter Gemüsesuppe (Würfel) | 100 g Brokkoli | 1 Karotte | 100 g Magermilch | 50 ml Sauerrahm | Salz | Pfeffer | frische Kräuter

Zubereitung
Grünkern in der Gemüsesuppe langsam köcheln lassen, gewaschenen, geschnittenen Brokkoli beigeben und weiterkochen; die Milchprodukte dazu geben, mit dem Mixstab schaumig mixen. Fein geriebene Karotte darunter geben, etwas ziehen lassen, fertig würzen und mit den Kräutern anrichten.

Flaumige Topfennockerl

Zutaten (10 Personen)
200 g Butter | 6 Dotter | 2 Eier | Salz | 1 Pkg.Vanillezucker | 1000 g Magertopfen | 300 g griffiges Mehl

Zutaten (4 Personen)
100 g Butter | 3 Dotter | 1 Ei | Salz | 1 Pkg. Vanillezucker | 500 g Magertopfen | 150 g griffiges Mehl

Zubereitung
Abtrieb mit Butter, Eiern und Topfen machen, die restlichen Zutaten dazu rühren, ½ Stunde rasten lassen, dann mit einem Suppenlöffel Nockerl formen. In kochendes Salzwasser geben und ca. 10 Minuten leicht ziehen lassen.

Nussbrösel

Zutaten (10 Personen)
200 g Butter | 200 g Vollwertzucker | 450 g Brösel | 100 g Nüsse | etwas Zimt

Zutaten (4 Personen)
100 g Butter | 100 g Vollzucker | 250 g Brösel | 50 g Nüsse | etwas Zimt

Zubereitung
Butter zergehen lassen, die Brösel und geriebene Nüsse darin rösten, Zimt und Zucker dazu geben, Nockerl darin wälzen.

Zwetschkenröster

Zutaten (10 Personen)
1000 g Zwetschken | ½ Liter Wasser | 2 EL Vollwertzucker | 1 Apfel | Prise Nelkenpulver | 2 EL Vanillepuddingpulver

Zutaten (4 Personen)
400 g Zwetschken | ¼ Liter Wasser |
1 EL Vollwertzucker | 1 kleiner Apfel |
Prise Nelkenpulver |
1 EL Vanillepuddingpulver

Zubereitung
Zwetschken und Apfel entkernen und vierteln, mit Zucker und Nelkenpulver in Wasser dünsten. Puddingpulver mit etwas Wasser versprudeln, zu den Zwetschken leeren, bis der Röster leicht dicklich ist; abkühlen lassen. Zur Garnierung mit den Nockerln anrichten

Cappy gespritzt

Krautstrudel mit Joghurtdip · Buntes Püree · Ananas in Kokos-Backteig · Saft

Krautstrudel

Zutaten (10 Personen)
100 g Dinkelvollmehl | 400 g Mehl glatt | (eventuell 1 Ei) | ca. ¼ l lauwarmes Wasser | 2 EL Öl | Salz

Zutaten (4 Personen)
50 g Dinkelvollmehl | 200 g Mehl glatt | ca.125 ml lauwarmes Wasser | 1 EL Öl | Salz

Zubereitung
Das Mehl kegelartig auf die Arbeitsfläche häufen, oben eine kleine Vertiefung bilden, Salz, Öl, (Ei) und nach und nach Wasser beigeben, bis alle Zutaten zu einem glatten Teig verknetet werden können. Den Teig dünn mit Öl bestreichen und eine halbe Stunde rasten lassen. Ein Tuch mit Mehl bestauben und den Teig mit einem Nudelholz darauf gleichmäßig ausrollen. Zur Fertigstellung den Teig über den beiden Handrücken gleichmäßig ausziehen, dabei beide Hände verwenden; dann die Ränder abschneiden.

Fülle

Zutaten (10 Personen)
1200 g Weißkraut | 2 Zwiebeln | 2 EL Butter | 2 EL Paprika edelsüß | 375 ml Weißwein oder Gemüsesuppe | Majoran | Kümmel | Salz | Pfeffer | 2 EL Rapsöl zum Bestreichen

Zutaten (4 Personen)
600 g Weißkraut | 1 Zwiebel | 1 EL Butter | 1 EL Paprika edelsüß | 125 ml Weißwein oder Gemüsesuppe | Majoran | Kümmel | Salz | Pfeffer | 1 EL Rapsöl zum Bestreichen

Zubereitung
Äußere Krautblätter entfernen und das restliche Kraut in feine Streifen schneiden. Zwiebeln schälen, fein hacken und in etwas Butter anrösten, das fein geschnittene Kraut beigeben, würzen, durchrösten, mit Weißwein oder Suppe ablöschen und bissfest weiterdünsten, abkühlen. Den Strudelteig in gewünschte Teile teilen, ca. 2/3 mit der Fülle belegen, einrollen, mit Rapsöl bepinseln im vorgeheiztem Rohr bei 170° C ca. 30 bis 40 Minuten backen.

Zubereitung (Joghurtdip)
1 Becher Joghurt 1% | 1 Becher Sauerrahm
In eine Schüssel geben und vermengen, mit Salz, Knoblauch und Kräutern würzen.

Buntes Püree

Bild siehe Seite 93 (unten).

Zutaten (10 Personen)

1500 g Kartoffeln (mehlig) | 500 g Erbsen (oder Spinat) | 500 g Karotten | 25 g Butter | etwas Milch | Salz | Pfeffer | Muskat

Zutaten (4 Personen)

600 g Kartoffeln (mehlig) | 200 g Erbsen (oder Spinat) | 200 g Karotten | 15 g Butter | etwas Milch | Salz | Pfeffer | Muskat

Zubereitung

Die Kartoffeln schälen, dämpfen und stampfen, mit Butter und warmer Milch glatt rühren, mit Salz und Muskat würzen. Das Gemüse getrennt weich dünsten und mit etwas Kochflüssigkeit pürieren. Das Püree in 3 Teile teilen. 1. Teil mit den pürierten Erbsen (Spinat) vermengen,
2. Teil mit pürierten Karotten vermengen,
3. Teil ist reines Kartoffelpüree.
Auf dem Teller bunt anrichten.

Ananas in Kokos-Backteig

Bild siehe Seite 91.

Zutaten (10 Personen)

2 Dosen Ananasscheiben oder 2 frische Ananas | 5 EL Zitronensaft

Zutaten (Backteig - 10 Personen)

5 Eier | 250 g glattes Mehl | 250 g Dinkelmehl | 2 EL Rapsöl | 500 g Weißwein | 60 g Kristallzucker | 200 g Kokosett | Salz | Rapsöl zum Ausbacken

Zutaten (4 Personen)

1 Dose Ananas oder 1 frische Ananas | 2 EL Zitronensaft

Zutaten (Backteig - 4 Personen)

2 Eier | 100 g glattes Mehl | 150 g Dinkelmehl | 1 EL Rapsöl | 250 g Weißwein | 30 g Kristallzucker | 100 g Kokosett | Salz | Rapsöl zum Ausbacken

Zubereitung

Eier trennen, Mehl, Wein, Öl, Dotter, etwas Salz und Kokosett zu einem glatten Teig verrühren. Eiklar mit Zucker zu steifem Schnee schlagen und unter den Teig heben, 15 Minuten rasten lassen. Ananasscheiben mit Zitronensaft beträufeln. In einer Pfanne 3 Finger hoch Rapsöl erhitzen, Ananasscheiben in den Teig tauchen und beidseitig in Öl herausbacken.

Gefüllte Paprika mit Ebly und Tomatensauce · Spiralen · Kokoskranzkuchen · Fruchtsaft

Gefüllte Paprika

Zutaten (10 Personen)
500 g Ebly | 2,5 l Wasser | Suppenwürfel (pflanzlich) | 2 Karotten | 250 g Zwiebel | 200 g Tilsiter 25% | 10 große, grüne Paprikaschoten | Salz | Pfeffer | Kräuter | Knoblauch | Olivenöl | Tomatensauce | zubereiten mit 3 Paketen Pomito (à ½ Liter passierte Tomaten)

Zutaten (4 Personen)
250 g Ebly | 1,2 l Wasser | Suppenwürfel (pflanzlich) | 1 Karotte | 120 g Zwiebel | 100 g Tilsiter 25% | 4 große grüne Paprikaschoten | Salz | Pfeffer | Kräuter | Knoblauch | Olivenöl | Tomatensauce zubereiten mit ¾ Liter Pomito.

Zubereitung
Suppe aus Suppenwürfeln bereiten, Ebly in der Gemüsesuppe 20 Minuten kochen, abseihen und auskühlen lassen. Fein geschnittene Zwiebel in Olivenöl anschwitzen. Grob geraspelte Karotten dazumengen, würzen mit Salz, Pfeffer und Knoblauch. Nach dem Auskühlen mit Ebly und Käse vermengen. Paprikas halbieren, entkernen und kurz blanchieren (ins kochende Wasser legen), herausheben, kalt abschrecken und mit der Masse füllen.
In eine hohe Pfanne schlichten und mit der Tomatensauce (Pomito mit Salz, Knoblauch und Suppenwürfel würzen) bedecken.
Im Rohr bei ca. 180° C etwa 20 Minuten backen.

Spiralen

Zutaten (10 Personen)
800 g Spiralen | etwas Butter | Salz | Petersilie

Zutaten (4 Personen)
320 g Spiralen | etwas Butter | Salz | Petersilie

Zubereitung
Spiralen in Salzwasser kochen, abseihen, in Butter schwenken und salzen.
Mit Kräutern bestreuen.

Kokoskranzkuchen

Zutaten (24 Stück)

100 g Vollkornmehl | 200 g Weizenmehl | ½ Pkg. Backpulver | 200 g Staubzucker | 1 Pkg. Vanillezucker | 150 g Rapsöl | 80 g Kokosflocken | 4 Eier, trennen | 125 ml Milch | Schokoglasur

Zubereitung

Das Öl mit Staubzucker, Vanillezucker und Dottern schaumig rühren, abwechselnd Mehl und Kokosflocken darunter rühren, die Milch unter ständigem Rühren dazu geben und den Schnee darunter heben. In einer befetteten Kranzform oder Kastenform, bei 170° C ca. 30 bis 40 Minuten backen.

Fruchtsaft nach Wahl zubereiten

Chinapfanne mit Fisch, Reis und Gemüse · Großer Salatmix · Kompott nach Saison, z. B. Orangenkompott · Hollersaft

Chinapfanne

Zutaten (10 Personen)

750 g Dorschfilet | 250 g Zwiebeln | 250 g Lauch | 250 g Weißkraut | 250 g Paprika (grün) | 250 g Sojasprossen | 250 g Karotten | 0,2 l Sojasauce | 500 g Naturreis | 1 l Wasser | Suppenwürfel (pflanzlich) | Knoblauch | Salz | Pfeffer | Maizena | Olivenöl

Zutaten (4 Personen)

300 g Dorschfilet | 100 g Zwiebeln | 100 g Lauch | 100 g Weißkraut | 100 g Karotten | 100 g Paprika (grün) | 100 g Sojasprossen | 0,1 l Sojasauce | 200 g Naturreis | 0,4 l Wasser | Suppenwürfel (pflanzlich) | Knoblauch | Salz | Pfeffer | Maizena | Olivenöl

Zubereitung

Geschälte, geschnittene Zwiebeln und nudelig geschnittenen Lauch in Olivenöl anrösten. Dann dünn geschnittenes Kraut, Paprika (geviertelt und in Streifen geschnitten) mitrösten. Die Karotten grob raspeln, die Sojasprossen mit in die Pfanne geben und mit Sojasauce und Wasser auffüllen. Den Reis dazu geben und mit dem Knoblauch, Salz, Pfeffer und Suppenwürfel würzen. Etwa 40 Minuten dünsten.

Jetzt gewürzten, würfelig geschnittenen Fisch beigeben und kurz weiterdünsten. Wenn nötig, etwas eindicken (mit Maizena) und etwas nachwürzen.

Salatmix

Zutaten (10 Personen)

1 Tasse Ruccola | 1 Eisblattsalat | ½ Salatgurke | 1 kleine Dose Mais | Balsamikoessig | Olivenöl | Salz | Prise Zucker | Salatkräuter

Zutaten (4 Personen)

½ Tasse Ruccola | ½ Eisblattsalat | ½ Salatgurke | etwas Mais | Balsamikoessig | Olivenöl | Salz | Prise Zucker | Salatkräuter

Zubereitung

Gewaschenen, geschnittenen Salat mit allen Zutaten vermengen; etwas ziehen lassen.

Orangenkompott

Zutaten (10 Personen)
5 Orangen | ½ Liter 100% Orangensaft

Zutaten (4 Personen)
2 Orangen | ¼ Liter 100% Orangensaft

Zubereitung
Orangen schälen, filetieren, klein schneiden, mit etwas Orangensaft vermengen. Wenn nötig, noch etwas süßen.

Hollersaft

Backerbsensuppe

Zubereitung
Rindsuppe siehe Seite 22

Fertige Backerbsen je nach Bedarf dazustellen.

Rahmschmarrn

Zutaten (10 Personen)
10 Eier (Eier trennen) | 750 g Sauerrahm | 0,3 l Milch | 100 g Zucker | 150 g Mehl (½ Dinkel, ½ Weizenmehl) | Vanillezucker | etwas Zitronenzeste | Rapsöl zum Herausbacken

Zutaten (4 Personen)
10 Eier (Eier trennen) | 750 g Sauerrahm | 0,3 l Milch | 100 g Zucker | 150 g Mehl (½ Dinkel, ½ Weizenmehl) | Vanillezucker | etwas Zitronenzeste | Rapsöl zum Herausbacken

Zubereitung
Dotter mit Rahm, Milch, Vanillezucker, Zitronenzeste vermengen, das Mehl zugeben und mit Mixer glatt rühren; Schnee unterheben. Öl in einer viereckigen, höheren Pfanne erhitzen. Teig eingießen, kurz anbacken, wenden, mit 2 Küchenfreunden zerteilen und nochmals wenden oder im Rohr bei 160° C 10 Minuten fertig backen.
Mit Staubzucker bestreuen

Apfelmus

Siehe Seite 29.

Kakao mit Milch zubereiten

Klare Gemüsesuppe mit Buchstaben 🍳 Putenröllchen mit Buchweizenfülle und Kartoffeln 🍳 Johannisbeersaft

Klare Gemüsesuppe mit Buchstaben

Zubereitung

Rindsuppe siehe Seite 22

25 g fertige Buchstaben aus Nudelteig pro Person in Salzwasser kochen, abseihen und in die Suppe geben. Mit viel Schnittlauch bestreuen.

Putenröllchen

Zutaten (10 Personen)

10 Putenschnitzeln (ca.1200 g) | 100 g Buchweizen | 0,2 l Wasser | 200 g Karotten | 200 g Zucchini | 200 g Lauch | 200 g Paprika (grün) | Olivenöl | Salz | Pfeffer | Petersilie | Maizena | 1 l Wasser | Suppenwürfel (pflanzlich) | 1500 g Kartoffeln

Zutaten (4 Personen)

4 Putenschnitzeln (ca. 480 g) | 40 g Buchweizen | 0,1 l Wasser | 80 g Karotten | 80 g Zucchini | 80 g Lauch | 80 g Paprika (grün) | Olivenöl | Salz | Pfeffer | Petersilie | Maizena | ½ l Wasser | Suppenwürfel (pflanzlich) | 600 g Kartoffeln

Zubereitung

Buchweizen in Wasser weich kochen. Putenschnitzel klopfen und würzen. Karotten, Zucchini, Lauch und Paprika kleinwürfelig schneiden und in Olivenöl leicht schwenken, würzen und Kräuter dazu geben.
Mit dem Buchweizen vermengen, die Masse in die Schnitzel streichen, zu einer Roulade formen, mit Rouladenspieß verschließen, kurz anbraten. In eine Pfanne geben, mit klarer Gemüsesuppe aufgießen und im Rohr bei 180° C fertig garen. Wenn die Rouladen fertig sind, aus der Pfanne herausnehmen, die Sauce mit Maizena binden und abschmecken. Rouladenspieße entfernen, Rouladen wieder zur Sauce geben und noch ½ Stunde leicht dünsten.
Kartoffeln dämpfen, schälen und in Butter schwenken. Mit Kräutern bestreuen.

Johannisbeersaft (Verdünnungssaft)

Polentalaibchen mit Lauchsauce · Salate der Saison · Topfencreme mit Winterfrüchten · Orangensaft

Polentalaibchen

Für Kinder anders benennen, z. B. Harry Potter-Laibchen oder Mickymaus-Laibchen

Zutaten (10 Personen)

600 g Polenta | 100 g Zwiebeln | 400 g Magertopfen | 100 g Magerkäse geraspelt | 1,5 l Gemüsesuppe (Würfel) | Vollkornmehl | Rapsöl | Salz | Pfeffer | Muskat

Zutaten (4 Personen)

240 g Polenta | 1 Zwiebel | 160 g Magertopfen | 60 g Magerkäse geraspelt | 0,6 l Gemüsesuppe (Würfel) | Vollkornmehl | Rapsöl | Salz | Pfeffer | Muskat

Zubereitung

Die Gemüsesuppe mit den Gewürzen aufkochen, Polenta einrühren und ca. 25 Minuten dünsten lassen (öfter umrühren).
Zwiebeln fein hacken, in Rapsöl anschwitzen und mit dem Topfen und dem geraspelten Käse in die abgekühlte Polentamasse mischen, abschmecken, gut durchmischen und Kräuter dazu geben.
Laibchen formen, in Mehl wenden und in wenig Rapsöl anbraten oder im Rohr bei 170° C backen.
Mit Lauchsauce servieren.

Lauchsauce

Zutaten

1 große Stange Lauch | 1 Karotte | Olivenöl | ½ Becher Obers | ½ Becher Sauerrahm | Salz | Pfeffer | Suppenwürze (pflanzlich)

Zubereitung

Lauch und Karotte waschen, schneiden und in Olivenöl anrösten. Mit Mehl stauben, mit Obers und verquirltem Sauerrahm aufgießen, würzen. Mit frischem Schnittlauch vollenden.

Salat nach Wunsch und Saison dazu anrichten

Topfencreme mit Winterfrüchten

Zutaten (10 Personen)

300 g Magertopfen | 3 Dotter | 3 EL Honig | ¼ l Joghurt 1 % | ½ Becher Obers | Lebkuchengewürz (½ TL) | geriebene Orangenschale von 1 Orange | 300 g Apfelsaft | 2 EL Zitronensaft | 100 g Dörrpflaumen | 100 g Marillen (gedörrt) | 100 g Apfelringe (gedörrt)

Zutaten (4 Personen)

120 g Magertopfen | 1 Dotter | 1 EL Honig | ½ Becher Joghurt 1% | ½ Becher Obers | Lebkuchengewürz (Msp.) | geriebene Orangenschale von ½ Orange | 120 g Apfelsaft | 1 TL Zitronensaft | 40 g Dörrpflaumen | 40 g Marillen (gedörrt) | 400 g Apfelringe (gedörrt)

Zubereitung

Klein geschnittene Früchte über Nacht in erwärmtem Apfel- und Zitronensaft einweichen. Topfen mit Dottern, Honig und Gewürzen verrühren. Obers schlagen und darunter ziehen. Die abgeseihten, kleingeschnittenen Früchte unter die Topfenmasse mengen.

In Schüssel geben und nett garnieren.

Orangensaft (Verdünnungssaft)

Feine Erbsencremesuppe · Käse-Baguette mit Paprika · Endiviensalat mit Kartoffeln · Zitronensaft

Feine Erbsencremesuppe

Zutaten (10 Personen)

650 g grüne Erbsen | 1,5 l Gemüsesuppe (Würfel) | 250 g Vollkornbrot | 2 EL Erdnussöl | 2 EL Butter | 125 ml Sauerrahm | Salz | Pfeffer | Muskat | Schnittlauch

Zutaten (4 Personen)

260 g grüne Erbsen | 0,6 l Gemüsesuppe (Würfel) | 60 g Vollkornbrot | 1 EL Erdnussöl | 1 EL Butter | 3 EL Sauerrahm | Salz | Pfeffer | Muskat | Schnittlauch.

Zubereitung

Brot würfeln und in Butter-Öl-Gemisch goldbraun rösten. Erbsen in der Gemüsesuppe ca.½ Stunde kochen. Die gekochten Erbsen aus der Suppe nehmen, in einem anderen Topf mit dem Mixstab pürieren, die Suppe wieder dazugießen und mit dem Sauerrahm und den Gewürzen verfeinern. Wenn nötig, etwas eindicken.
Mit den Brotwürfeln und Schnittlauch bestreuen.

Käse-Baguette

Zutaten (10 Personen)

10 Pariser Weckerl | ½ Becher Sauerrahm | ½ Becher Joghurt 1% | Kräuter | 2 Zehen Knoblauch | 3 verschiedenfarbige Paprikahälften | 750 g Joghurtkäse | 1 große Zwiebel | Salz | Pfeffer

Zutaten (4 Personen)

4 Pariser Weckerl | 3 EL Sauerrahm | 3 EL Joghurt 1% | Kräuter | 1 Zehe Knoblauch | 3 verschiedenfarbige Paprikavierteln | 300 g Joghurtkäse | 1 kleine Zwiebel | Salz | Pfeffer

Zubereitung

Den Sauerrahm und das Joghurt gut vermengen, Kräuter, zerdrückten Knoblauch, Gewürze und die verschiedenen Paprika und Zwiebel kleinwürfelig geschnitten mit dem grob geraspelten Käse zur Masse dazu geben. Die Weckerl halbieren, mit der fertigen Masse ½ cm dick bestreichen, auf ein Ofengitter legen und im Rohr bei ca. 150° C ca.10 Minuten backen.

Endiviensalat mit Kartoffeln

Zutaten (10 Personen)

1 Endiviensalat | 1 Zwiebel | 1 kleine Karotte | 3 große Kartoffeln (speckig) | Apfelessig | Rapsöl | Salz | Pfeffer | Salatkräuter

Zutaten (4 Personen)

½ Endiviensalat | 1 Zwiebel | 1 kleine Karotte | 1 große Kartoffel (speckig) | Apfelessig | Rapsöl | Salz | Pfeffer | Salatkräuter

Zubereitung

Salat in feine Streifen schneiden, waschen, gekochte Kartoffeln blättrig darunter schneiden. Mit fein geschnittenen Zwiebeln, fein geriebener Karotte, Gewürzen und Kräutern vermengen.

Zitronensaft

Mit frisch gepresster Zitrone zubereiten, nach Wunsch süßen.

Tipp:

Mäßig würzen!

Beachte den Eigengeschmack der Speisen! Gewürze sollen ihn nicht verdecken, sondern hervorheben.

Schweinsbraten mit Semmelrolle · Warmer Krautsalat · Fruchtcocktail · Schiwasser

Schweinsbraten Bild siehe Seite 93 (oben)

Zutaten (10 Personen)
3000 g Karree oder Schopf vom Schwein | Salz | 4 Zehen Knoblauch | Koriander | Kümmel | 2 Zwiebeln

Zutaten (4 Personen)
1200 g Karree oder Schopf vom Schwein | Salz | Koriander | Kümmel | 2 Zehen Knoblauch | 1 Zwiebel

Zubereitung
Am Vortag das Fleisch würzen, in eine viereckige Pfanne geben. Zwiebeln großwürfelig schneiden und dazu geben. In den Kühlschrank stellen. Mit 220° C im Rohr beidseitig anbraten, mit Wasser aufgießen, Bratensatz immer wieder über das Fleisch gießen. Bei 130° C mit einem Bratenthermometer bis 73° C Kerntemperatur braten (je nach Gewicht vom Fleisch, 1 kg ungefähr 1 Stunde braten). Natursauce nach Wunsch mit Maizena eindicken, würzen und zum Schweinsbraten geben.

Semmelrolle

Zutaten (10 Personen)
15 Semmeln (in Würfel geschnitten) | Petersilie | Salz | Muskat | 100 g Butter | ½ l Milch | 6 Eier | 2 EL Dinkelmehl | 1 große Zwiebel

Zutaten (4 Personen)
6 Semmeln (in Würfeln geschnitten) | Petersilie | Salz | Muskat | 50 g Butter | ¼ l Milch | 2 große Eier | 1 EL Dinkelmehl | 1 kleine Zwiebel

Zubereitung
Erwärmte Milch und aufgeschlagene Eier über die Semmelwürfel leeren, geschälte Zwiebel klein schneiden, in Butter etwas rösten und ebenfalls unter die Masse geben, würzen. Man mengt noch Dinkelmehl und gehackte Petersilie darunter.
½ Stunde rasten lassen. Semmelmasse in Rollenform in Klarsichtfolie einwickeln, die Enden gut zusammenbinden. Im Kombidämpfer ½ Stunde dämpfen oder in kochendes Wasser einlegen; etwa ½ Stunde leicht kochen lassen. Herausnehmen und in ca. 1-cm-Schnitten schneiden.

Warmer Krautsalat

Zutaten (10 Personen)

2500 g Weißkraut | Salz | Kümmel | Zucker | Suppenwürfel (pflanzlich) | etwas Apfelessig | Rapsöl | Wasser | 100 g magere Speckwürfel

Zutaten (4 Personen)

1000 g Weißkraut | Salz | Kümmel | Zucker | Suppenwürfel (pflanzlich) | etwas Apfelessig | Rapsöl | Wasser | 50 g magere Speckwürfel

Zubereitung

Weißkraut fein hobeln, salzen, mit etwas Kümmel in einen Kochtopf geben und mit kochendem Wasser übergießen, sodass das Kraut leicht bedeckt ist. Etwas Apfelessig dazu geben, Zucker beimengen und mit dem Suppenwürfel verfeinern. Ungefähr ½ Stunde dünsten lassen.
Speck in einer Pfanne anrösten, über den Krautsalat leeren; zugedeckt noch etwas ziehen lassen. Fertig würzen.

Fruchtcocktail

150 g pro Personen
Früchte der Saison (z. B. Apfel, Birne, Weintrauben) kleinwürfelig schneiden, etwas Orangensaft dazu geben. Die Früchte sollen leicht bedeckt sein. Zitronensaft dazu geben, mit etwas Honig oder Zucker süßen.

Schiwasser

Himbeerverdünnungssaft mit Zitrone

Spagetti mit Sauce Carbonara · Endiviensalat mit Pastinak · Apfelkuchen mit Streusel · Zitronen-Melissensaft

Spagetti

Zutaten (10 Personen)
Ca. 1000 g Spagetti

Zutaten (4 Personen)
Ca. 400 g Spagetti

Zubereitung
In Salzwasser bissfest kochen, abseihen und in Olivenöl schwenken, würzen mit Salz.

Sauce Carbonara

Zutaten (10 Personen)
250 g Tomaten | 1 große Zwiebel | Knoblauch | Salz | Pfeffer | Suppenwürfel (pflanzlich) | 300 g Pressschinken | 125 ml Obers | 125 ml Sauerrahm | 125 ml Milch

Zutaten (4 Personen)
100 g Tomaten | 1 Zwiebel | Knoblauch | Salz | Pfeffer | Suppenwürfel (pflanzlich) | 120 g Pressschinken | 125 ml Obers | 2 EL Sauerrahm | 60 ml Milch

Zubereitung
Tomaten waschen, an einer Stelle etwas einschneiden und blanchieren (in kochendes Wasser einlegen, damit sich die Haut leicht löst). Enthäuten und Tomatenfleisch in kleine Würfel schneiden.
Zwiebel schälen und klein schneiden, in Olivenöl anrösten. Kleinwürfelig geschnittenen Schinken mitrösten, würzen und mit der Milch aufgießen.
Mit dem verquirlten Sauerrahm-Obers-Gemisch verfeinern, ein wenig mit Maizena (oder Mehlgmachtl) eindicken, aufkochen lassen. Zum Schluss die Tomatenwürfeln dazu geben und mit Kräutern bestreuen.

Apfelkuchen

Zutaten (24 Stück)
250 g Butter | 250 g Zucker | 150 g Nüsse gemahlen | 200 g Mehl (½ Dinkelmehl, ½ glattes Mehl) | 4 Eier (trennen) | 4 Äpfel | Zimt | 1 Pkg. Backpulver

Zubereitung

Butter schaumig rühren, Zucker und Dotter dazu geben; Nüsse, 1 EL Zimt, Mehl und Backpulver zufügen. Eiweiß steif schlagen und darunter heben. In eine gefettete Backform füllen. Gewaschene Äpfel vierteln, entkernen und blättrig schneiden, auf den Teig schlichten, Streusel darüber bröseln. Im Rohr bei 175° C ca. 30 bis 40 Minuten backen. (Im Kombidämpfer 160° C ca. 30 bis 40 Minuten backen.) Für Schulbleche das 1½-fache der Masse zubereiten.

Streusel

Zutaten

200 g Butter | 250 g Mehl | 150 g Zucker | 1 Dotter

Zubereitung

Alle Zutaten mit den Händen zerbröseln.

Endiviensalat mit Pastinak

Zutaten (10 Personen)

1 Pastinake | 1 Karotte | 1000 g Endiviensalat | 1 Zwiebel | Salz | Prise Zucker | Kräuteressig | Rapsöl

Zutaten (4 Personen)

½ Pastinake | 1 Karotte | 400 g Endiviensalat | 1 kleine Zwiebel | Salz | Prise Zucker | Kräuteressig | Rapsöl

Zubereitung

Endiviensalat waschen und in dünne Streifen schneiden, das Gemüse in kleine Stifte reiben, mit klein geschnittener Zwiebel, Essig, Öl und den Gewürzen gut vermengen.

Zitronen-Melissensaft (Verdünnungssaft)

Chicken-Nuggets

Zutaten (10 Personen)
80 bis 100 fertige Chicken-Nuggets (tiefgekühlt)

Zutaten (4 Personen)
32 bis 40 fertige Chicken-Nuggets

Zubereitung
In einem hochwertigen Backfett herausbacken. Von der Sauce Tartare bei vier Personen die Hälfte zubereiten.

Bunter Kartoffelsalat

Zutaten (10 Personen)
2500 g speckige Kartoffeln | ½ roter Paprika | Salz | Pfeffer | Zucker | etwas süßer Senf | Apfelessig | Rapsöl | Schnittlauch

Zutaten (4 Personen)
100 g speckige Kartoffeln | ¼ roter Paprika | Salz | Pfeffer | Zucker | etwas süßer Senf | Apfelessig | Rapsöl | Schnittlauch

Zubereitung
Die Kartoffeln etwa ¾ Stunde kochen, schälen und in dünne Scheiben schneiden. Mit Essig, Öl und den Gewürzen vermengen. Paprikawürfel untermengen, die Masse etwas ziehen lassen. Nachwürzen und mit Schnittlauch vollenden.

Sauce Tartare

Siehe Seite 78.

Mandarinendessert

Zutaten (10 Personen)
2 Becher Joghurt 1% | ½ Becher Schlagobers | 1 Zitrone (Saft) | 1 Pkg. Vanillezucker | 4 frische Mandarinen (oder aus der Dose) | einige Minzeblätter

Zutaten (4 Personen)
1 Becher Joghurt 1% | ½ Becher Schlagobers | ½ Zitrone(Saft) | ½ Pkg.Vanillezucker | 2 frische Mandarinen (oder aus der Dose) | einige Minzeblätter

Zubereitung
Mandarinen schälen und klein schneiden. Schlagobers steif schlagen und mit den übrigen Zutaten vermengen. Nach Bedarf noch etwas süßen. In Schüsseln aufteilen, mit Minzeblättern garnieren.

Kinderpunsch

Früchtetee zubereiten, 2 Orangen auspressen, Punschgewürz dazu geben, mit Honig süßen!

Tipp:
Den Kartoffelsalat kann man mit Kräutern toll aromatisieren. Die Marinade mit Senf, Pfeffer und frisch gehacktem Dill, Schnittlauch und Thymian würzen und fein geschnittene Zwiebeln hinzufügen.

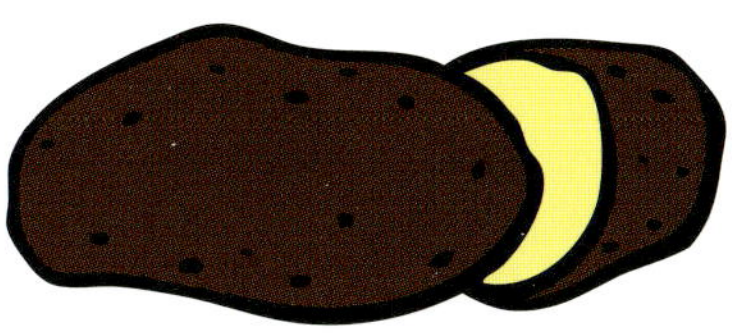

Großmutters Suppentopf

Zutaten (10 Personen)

500 g Rindfleisch zum Kochen | 3 l Wasser | Suppenwürfel (pflanzlich) | Salz | Pfeffer | 2 Karotten | ½ Sellerieknolle | 1 Zwiebel | 200 g Porree | 250 g Suppennudeln (extra in einem Topf mit Salzwasser weich kochen)

Zutaten (4 Personen)

200 g Rindfleisch zum Kochen | 1 ½ Liter Wasser | Suppenwürfel (pflanzlich) | Salz | Pfeffer | 1 Karotte | ¼ Sellerieknolle | 1 kleine Zwiebel | 100 g Porree | 100 g Suppennudeln (extra in einem Topf mit Salzwasser weich kochen)

Zubereitung

Rindfleisch in Wasser mit dem geputzten Gemüse, Gewürzen, gerösteten Zwiebelhälften ca.1 Stunde kochen, die Suppe abseihen. Gemüse klein schneiden und in die fertige Suppe geben. Das kleingeschnittene Fleisch dazu geben. Nudeln in Suppenschüsseln geben und Rindsuppe darüber leeren. Das herzhafte Suppengericht mit Schnittlauch bestreuen.

Bananenauflauf

Zutaten (15 Personen)

240 g Goldhirse | 600 g Magermilch | 90 g Butter | 6 Dotter | 130 g Zucker | 450 g Magertopfen | 1½ TL Vanillezucker | von 1 Zitronenschale | 3 Bananen | 6 Eiklar | 15 g Zucker

Zutaten (4 Personen)

70 g Goldhirse | 150 g Magermilch | 20 g Butter | 2 Dotter | 40 g Zucker | 110 g Magertopfen | 1 TL Vanillezucker | etwas Zitronenschale | 1 große Banane | 2 Eiklar | 4 g Zucker

Zubereitung

Hirse heiß abspülen, in der kochenden Milch ca. 10 Minuten kochen, ca. 15 Minuten quellen lassen, auskühlen – die Hirse soll trocken sein. Bananen blättrig schneiden, mit Zitronensaft beträufeln.
Von den restlichen Zutaten einen Abtrieb machen und Hirse und Bananen darunter heben; zum Schluss Schnee dazu geben. Die Masse in eine Auflaufform füllen. Im Rohr bei 175° C ca 30 bis 40 Minuten backen. (Kombidämpfer HL 160° C ca. 30 bis 40 Minuten backen)

Erdbeermus

Zutaten (10 Personen)
1000 g Erdbeeren | etwas Vollwertzucker

Zutaten (4 Personen)
400 g Erdbeeren | etwas Vollwertzucker

Zubereitung
Erdbeeren waschen und pürieren (mit dem Pürierstab). Mit Zucker vollenden.

Belebender Buttermilchdrink

Zutaten (4 Personen)
1 Liter Buttermilch | 2 Bananen | etwas Zitronensaft | etwas Honig

Zubereitung
Buttermilch und Bananen mit dem Pürierstab mixen. Mit Honig süßen und etwas Zitrone beimengen.

Tipp:
Hirse ist das mineralstoffreichste Getreide. In Hirse ist Fluor, Schwefel, Phosphor, Magnesium, Kalzium und besonders viel Kieselsäure und Eisen enthalten, sie sollte häufig auf dem Speiseplan stehen.

Erdäpfel-Kressesuppe · Berner Würstel mit Backrohr-Pommes · Salatgarnitur · Fruchtsaft

Erdäpfel-Kressesuppe

Zutaten (10 Personen)
1000 g Erdäpfel (mehlig) | 2 Zwiebeln | 1 Tasse Gartenkresse | 1 TL Rapsöl | 2 l klare Gemüsesuppe | 0,4 l Milch | Salz | Pfeffer | Kresse zum Garnieren | einige geröstete Semmelwürfel

Zutaten (4 Personen)
400 g Erdäpfel (mehlig) | 1 Zwiebel | ½ Tasse Gartenkresse | etwas Rapsöl | 1 l klare Gemüsesuppe | 0,2 l Milch | Salz | Pfeffer | Kresse zum Garnieren | einige geröstete Semmelwürfel

Zubereitung
Kartoffeln schälen und in Würfel schneiden. Zwiebeln in Öl anschwitzen und mit der Gemüsesuppe aufgießen, die Kartoffeln dazu geben, Milch eingießen, würzen und ca. ½ Stunde köcheln lassen. Mit dem Pürierstab zu einer cremigen Schaumsuppe mixen. Die Hälfte der Kresse kurz mitmixen, die restliche Kresse darüber streuen. Vor dem Servieren mit gerösteten Semmelwürfeln vollenden.

Berner Würstel

Zutaten (10 Personen)
10 Paar Frankfurter | 5 Schnitten Edamer | 20 Schnitten schöner Magerspeck | 2000 g tiefgekühlte Backrohr-Pommes im Rohr backen

Zutaten (4 Personen)
4 Paar Frankfurter | 2 Schnitten Edamer | 8 Schnitten schöner Magerspeck | 800 g Backrohr-Pommes

Zubereitung
Würstel in der Mitte einschneiden, Käsestreifen einlegen, mit dem Speck umwickeln. In eine Pfanne schlichten und ins Rohr schieben. Bei 160° C braten, bis der Käse zerschmolzen ist. Salatblätter mit Tomatenscheiben und Gurkenscheiben auf dem Teller anrichten, bevor man die Pommes und die Berner Würstel darauf gibt.

Salatgarnitur

Fruchtsaft nach Belieben

Reispfanne Bolognese

Zutaten (10 Personen)
500 g Sellerie | 500 g Karotten | 1000 g Faschiertes | 4 Pomitos (passierte Tomaten) | Salz | Pfeffer | Oregano | Knoblauch | Suppenwürfel (pflanzlich) | Olivenöl | 800 g Reis

Zutaten (4 Personen)
200 g Sellerie | 200 g Karotten | 400 g Faschiertes | 2 Pomitos (passierte Tomaten) | Salz | Pfeffer | Oregano | Knoblauch | Suppenwürfel (pflanzlich) | Olivenöl | 320 g Reis

Zubereitung
Das geraspelte Gemüse in Olivenöl anrösten, das Faschierte mitrösten, würzen und mit Pomitos aufgießen. Eine ½ Stunde köcheln lassen. Fertig abschmecken.

In der Zwischenzeit den Reis mit doppelt so viel Wasser ½ Stunde kochen (siehe Seite 140). Das Gemüse auf dem Reis anrichten.

Eisbergsalat mit Mais und Karotten

Zutaten (10 Personen)
500 g Eisbergsalat | 1 Dose Mais | 1 Karotte | 1 Becher Kresse | Salz | Zucker | Rapsöl Kräuteressig

Zutaten (4 Personen)
200 g Eisbergsalat | ½ Dose Mais | 1 kleine Karotte | etwas Kresse | Salz | Zucker | Rapsöl Kräuteressig

Zubereitung
Eisbergsalat waschen und zerkleinern, Mais waschen und Karotte stifteln. Mit Essig, Öl und Gewürzen vermischen. Mit frischem Schnittlauch bestreuen.

Haselnusscreme

Zutaten (10 Personen)
250 g Magertopfen | 250 g Buttermilch | 200 g geriebene Haselnüsse | Vanillezucker | etwas Zimt

Zutaten (4 Personen)

100 g Magertopfen | 100 g Buttermilch | 80 g geriebene Haselnüsse | Vanillezucker | etwas Zimt

Zubereitung

Alle Zutaten miteinander vermengen, in Schüsseln anrichten und mit einigen halben oder ganzen Haselnüssen oder anderen Nüssen hübsch garnieren.

Zitronentee zubereiten

Tipp:

Waschen Sie Salate, Obst und Gemüse immer im Ganzen. Kurz und gründlich, lautet die Devise.

Hühnersuppe mit Kasnockerl Gefüllte Erdäpfel Vogerlsalat mit Apfel-Orangendressing Powerdrink

Hühnersuppe

Zutaten (10 Personen)

2 ½ l Wasser | 1000 g Hühnerklein | 1 Bund Wurzelwerk (Karotten, Petersilienwurzel) | 1 Zwiebel | Rosmarin | Salz | Suppenwürfel (pflanzlich) | Pfeffer

Zutaten (4 Personen)

1 l Wasser | 400 g Hühnerklein | 1 Karotte | 1 Petersilienwurzel | 1 kleine Zwiebel | Rosmarin | Salz | Suppenwürfel (pflanzlich) | Pfeffer

Zubereitung

Alle Zutaten waschen und putzen. Auf kleiner Flamme weich kochen (ca. 1 Stunde). Die Suppe abseihen und das Gemüse kleinwürfelig schneiden, in die Suppe geben. Mit Kräutern bestreuen.

Kasnockerl

Zutaten (10 Personen)

100 g Butter | 500 g Magertopfen | 140 g Parmesan | 2 Eier | 2 Dotter | Salz | Muskat | Pfeffer | je 1 EL Dinkelmehl und Brösel

Zutaten (4 Personen)

40 g Butter | 200 g Magertopfen | 60 g Parmesan | 1 Ei | 1 Dotter | Salz | Muskat | Pfeffer | je 1 TL Dinkelmehl und Brösel

Zubereitung

Die Zutaten vermengen, kurz rasten lassen. In einem Topf Salzwasser zum Kochen bringen, mit dem Teelöffel Nockerl formen, in das kochende Wasser einlegen und ca. 10 Minuten ziehen lassen. Suppe mit Schnittlauch und Kräutern aufwerten.

Gefüllte Erdäpfel

Zutaten (10 Personen)

10 große, längliche Erdäpfel | 1 große Karotte | 250 g Lauch | 2 gelbe Paprika | 500 g Magertopfen | 310 g Mozzarella light | Salz | gehackte Petersilie

Zutaten (4 Personen)
4 große, längliche Erdäpfel | 1 kleine Karotte | 100 g Lauch | 1 gelber Paprika | 200 g Magertopfen | 120 g Mozzarella light | Salz | gehackte Petersilie

Zubereitung
Die Erdäpfeln schälen, dämpfen und überkühlen lassen, anschließend halbieren und leicht aushöhlen. Die ausgehöhlte Masse kann der Gemüsemischung beigemengt werden. Das Gemüse putzen, schälen, würfelig schneiden, mit wenig Flüssigkeit dünsten, abseihen und auskühlen lassen.
Weich gedünstetes Gemüse, klein geschnittene Zwiebeln und Topfen verrühren, abschmecken mit Salz und Pfeffer, Kräuter darunter mengen.
Die fertige Topfenfülle auf die Erdäpfel verteilen.
Mit Mozzarella, der in kleine Würfel geschnitten wird, belegen und im Rohr ca. 30 Minuten bei 180° C überbacken. Mit Petersilie bestreuen.

Vogerlsalat mit Apfel-Orangendressing

Zutaten (10 Personen)
500 g Vogerlsalat waschen | 3 Äpfel | 60 ml Orangensaft | Apfelessig | Rapsöl | Salz | 1 Prise Zucker

Zutaten (4 Personen)
200 g Vogerlsalat | 1 Apfel | etwas Orangensaft | Apfelessig | Rapsöl | Salz | Prise Zucker

Zubereitung
Von Apfelessig, Orangensaft, Rapsöl, Salz und Zucker ein Dressing zubereiten. Die entkernten, grob geraspelten Äpfel dazu geben, etwas ziehen lassen.
Den gewaschenen Vogerlsalat in eine Schüssel geben, mit dem Dressing übergießen, durchmengen, fertig abschmecken.

Powerdrink

Frisch ausgepresste Säfte mischen. Nach Wahl z. B. Ananas mit Orangen, Karotten mit Äpfeln.

Schmetterlinge auf Tomatensauce · Salatteller · Orangenschnitten · Hollersaft

Schmetterlinge

Zutaten (10 Personen)
800 g Farfalle (Nudeln in Schmetterlingform) | Olivenöl | Salz | Kräuter

Zutaten (4 Personen)
320 g Farfalle (Nudeln in Schmetterlingform) | Olivenöl | Salz | Kräuter

Zubereitung
Die Nudeln in Salzwasser kochen, in Olivenöl schwenken, salzen, mit Kräuter bestreuen.

Tomatensauce

Zutaten (10 Personen)
20 Tomaten (oder 4 Pakete Pomito = passierte Tomaten) | 250 g Zwiebeln | Olivenöl | Salz | Pfeffer | etwas Zucker | Knoblauch | Basilikum | Suppenwürfel (pflanzlich) | 0,5 l Wasser | 100 g Tomatenmark | etwas Maizena zum Eindicken, falls nötig

Zutaten (4 Personen)
8 Tomaten (oder 2 Pakete Pomito = passierte Tomaten) | 100 g Zwiebeln | Olivenöl | Salz | Pfeffer | etwas Zucker | Knoblauch | Basilikum | Suppenwürfel (pflanzlich) | 250 ml Wasser | 40 g Tomatenmark | etwas Maizena zum Eindicken, falls nötig

Zubereitung
Die geschälten, fein geschnittenen Zwiebeln in Öl anschwitzen, Knoblauch mitrösten, Tomatenmark, etwas Zucker (1 kleiner Löffel) dazu geben, würfelig geschnittene Tomaten hinzufügen, mit Wasser auffüllen. Das Ganze kurz kochen und fein pürieren. Falls nötig, mit etwas Maizena binden und fertig würzen.

Orangenschnitten

Zutaten (24 Stück)
200 g weiche Butter | 150 g Zucker | 1 EL Vanille | Prise Salz | 3 Eier | 150 g Mehl glatt | 100 g Vollkornmehl | 2 TL Backpulver | 1 ungespritzte Zitrone

Zutaten (Glasur)
1 ungespritzte Orange | 200 g Staubzucker

Zubereitung

Butter schaumig rühren, nach und nach Zucker, Vanille, Salz und die Eier, eins nach dem anderen, dazu mengen. Mehl mit dem Backpulver vermengen und leicht unterheben. Die Zitrone lauwarm waschen, Schale abreiben und den Saft auspressen. Zitronensaft und Zeste unter die Buttermischung rühren. Backofen vorheizen. Backblech einfetten, den Teig aufstreichen (bei Schulblechen 1-½-fache Masse machen) und ca. 30 Minuten bei 160° C backen. Orange lauwarm waschen, abtrocknen, Schale abreiben und den Saft auspressen, Puderzucker mit Saft verrühren. Den lauwarmen Kuchen mit der Glasur bestreichen. Orangenschale darüber streuen, abkühlen, in Streifen oder Vierecke schneiden.

Hollersaft (Verdünnungssaft)

Bohnensuppe Provencale

Zutaten (10 Personen)
500 g weiße Bohnen, gekocht | 8 große Fleischtomaten | 1 große Zwiebel | 2 Zehen Knoblauch | 100 g magerer Speck | Rosmarin | Bohnenkraut | Salz | Pfeffer | Olivenöl | 2 l klare Gemüsebrühe

Zutaten (4 Personen)
200 g weiße Bohnen, gekocht | 3 große Fleischtomaten | 1 Zwiebel | 1 Zehe Knoblauch | 40 g magerer Speck | Rosmarin | Bohnenkraut | Salz | Pfeffer | Olivenöl | ¾ Liter Gemüsebrühe

Zubereitung
Die Tomaten kreuzförmig an der Oberseite einschneiden, in heißes Wasser geben (= blanchieren), gleich wieder herausgeben, enthäuten, kleinwürfelig schneiden. Klein geschnittene Zwiebeln, Speck und Knoblauch in Olivenöl rösten, Tomaten zugeben, mit der Suppe aufgießen, ca. 10 Minuten köcheln. Die gekochten Bohnen in die Suppe geben, schwach weiterkochen lassen. Mit Salz und Pfeffer würzen, zuletzt frische Kräutern beifügen.
Dazu schmeckt ein Bio-Kornspitz recht gut (in Scheiben schneiden).

Mohnknödel

Zutaten (10 Personen)
1000 g Kartoffeln | 150 g Butter | 2 Eier | Salz | 300 g glattes Mehl | 200 g Dinkelmehl | 500 g Mohn | 2 Pkg. Vanillezucker | Rum | Zimt | 2 EL Powidl | Brösel

Zutaten (4 Personen)
400 g Kartoffeln | 60 g Butter | 1 Ei | Salz | 120 g glattes Mehl | 80 g Dinkelmehl | 200 g Mohn | 1 Vanillezucker | Rum | Zimt | 1 EL Powidl | Brösel

Zubereitung
Kartoffeln schälen, kochen und dann passieren. Mit 2 (oder 1) EL Butter, Eiern, Mehl und Salz einen Kartoffelteig bereiten. Kurz rasten lassen. Eine Rolle formen, mit der Teigkarte Stücke abstechen. Zu Knödeln formen, dabei ein wenig Powidl in die Mitte einarbeiten. In siedendem Wasser ziehen lassen, bis die Knödel an der Oberfläche schwimmen. Mohn und Brösel mit den Gewürzen vermengen. Die Kartoffelknödel auf Tellern anrichten und mit der Mohnmischung bestreuen.

Hollerkoch

Zutaten (10 Personen)
600 g Hollerbeeren | 10 Zwetschken | ¼ Liter Wasser | 3 EL Vollwertzucker | 2 EL Puddingpulver | Zimtstange

Zutaten (4 Personen)
240 g Hollerbeeren | 4 Zwetschken | 125 ml Wasser | 1 EL Vollwertzucker | 1 EL Puddingpulver | Zimtstange

Zubereitung
Die Hollerbeeren in etwas Wasser mit Zucker und Zimtstange aufkochen, geviertelte Zwetschken dazu mengen. Vanillepuddingpulver in etwas Wasser verquirlen und das Hollerkompott damit binden. Nochmals aufkochen und nach Geschmack süßen.

Kakao dazu reichen

Tipp:
Die Speisen niemals zu lange warmstellen, sie verlieren an Geschmack und Nährwert. Möglichst ohne Mikrowelle arbeiten. Es gibt heute bereits Untersuchungen, wonach in der Mikrowelle zubereitete oder erwärmte Nahrung für den Körper völlig wertlos ist.

Schweinsgulasch mit hausgemachten Spätzle ✿ Kopfsalat ✿ Birnen-Apfelkompott ✿ Himbeersaft

Schweinsgulasch

Zutaten (10 Personen)
2000 g Schweinsnuss | 2000 g Zwiebeln | Salz | 2 EL Paprika | Pfeffer | Majoran | 3 Zehen Knoblauch | Suppenwürfel (pflanzlich) | Rapsöl | etwas Mehl | 125 ml Sauerrahm

Zutaten (4 Personen)
800 g Schweinsnuss | 800 g Zwiebeln | Salz | 1 EL Paprika | Pfeffer | Majoran | 1 Zehe Knoblauch | Suppenwürfel (pflanzlich) | Rapsöl | etwas Mehl | 2 EL Sauerrahm

Zubereitung
Die Zwiebeln schälen und kleinwürfelig schneiden, in Öl hellbraun rösten, das Fleisch in Würfel schneiden und ebenfalls anbraten. Paprika dazu geben, mit Wasser aufgießen, würzen mit Salz Pfeffer, Majoran, Knoblauch und etwas Suppenwürfel. Etwa 1 Stunde kochen (bis das Fleisch weich ist). Ein Mehlgmachtl zubereiten (Mehlgmachtl = kaltes Wasser und 1 bis 2 EL Mehl verquirlen), etwas Sauerrahm dazurühren, das Gulasch damit binden und fertig abschmecken.

Spätzle

Zutaten (10 Personen)
200 g Dinkelmehl | 300 g Mehl glatt | 1 TL Salz | 4 Eier | ca. ¼ l Wasser | Schnittlauch

Zutaten (4 Personen)
80 g Dinkelmehl | 120 g Mehl glatt | 1 TL Salz | 2 kleinere Eier | ca.125 ml Wasser | Schnittlauch

Zubereitung
Die Zutaten mit dem Rührgerät vermengen, bis der Teig glatt und dickflüssig ist. Den Teig nicht zu fest machen, dass man ihn gut durch ein Spätzlesieb in kochendes Wasser streichen kann. In einem großen Topf reichlich Wasser zum Sieden bringen, die Spätzle hineinstreichen, kurz aufkochen, abseihen und in Butter schwenken, salzen, und Schnittlauch dazu geben.

Kopfsalat

Siehe Seite 74.

Apfel-Birnenkompott

Zutaten (10 Personen)
3 große Äpfel | 3 große Birnen | 1 Liter Wasser | Zucker | Zimtstange | ½ Zitrone

Zutaten (4 Personen)
1 großer Apfel | 1 große Birne | 0,4 Liter Wasser | Zucker | Zimtstange | etwas Zitrone

Zubereitung
Die Äpfel und Birnen vierteln, entkernen, in Würfel schneiden, in Wasser mit Zucker und Zimtstange weich dünsten. Den Saft der Zitrone dazu geben.

Himbeersaft (Verdünnungssaft)

Sauerkraut-Laibchen mit Schnittlauchsauce · Bananenpudding · Vitamindrink nach Wahl

Sauerkraut-Laibchen

Tipp: Witzige Namen verwenden: „Kapitän Sparrow Laibchen" oder „Mickymaus-Laibchen"

Zutaten (10 Personen)
1500 g Sauerkraut (man kann etwas Schinken dazu geben) | 240 g glattes Mehl | 6 Dotter 3 EL Sauerrahm | 3 EL Petersilie | 6 Zehen Knoblauch | Salz | Pfeffer | Kümmel | Petersilie Rapsöl

Zutaten (4 Personen)
600 g Sauerkraut (und Schinken) | 100 g glattes Mehl | 2 Dotter | 1 EL Sauerrahm | Petersilie | 2 Zehen Knoblauch | Salz | Pfeffer | Kümmel | Petersilie | Rapsöl

Zubereitung
Das Kraut in größerem Sieb unter fließendem Wasser spülen, ausdrücken, klein schneiden. Kartoffeln kochen, schälen und fein reiben. Alle Zutaten miteinander vermengen, würzen, die Kräuter beimengen, Laibchen formen und in Olivenöl oder Rapsöl herausbacken.

Schnittlauchsauce

Zutaten (10 Personen)
80 g Butter | 80 g Mehl | ½ l Milch | 125 ml Obers | Salz | Pfeffer | Knoblauch | Schnittlauch

Zutaten (4 Personen)
40 g Butter | 40 g Mehl | ¼ l Milch | 60 ml Obers | Salz | Pfeffer | Knoblauch | Schnittlauch

Zubereitung
Butter in einer Pfanne zergehen lassen, Mehl dazu geben, unter ständigem Rühren eine helle Einbrenne machen, mit Milch aufgießen (=Bechamel). Mit Obers verfeinern, würzen, Knoblauch dazu geben. Zum Schluss Schnittlauch darüber streuen.

Bananenpudding

Zutaten (10 Personen)
1 ½ l Milch | 135 g Puddingpulver (Bananengeschmack) | 120 g Vollzucker

Zutaten (4 Personen)
600 ml Milch | 70 g Puddingpulver (Bananengeschmack) | 50 g Vollzucker

Zubereitung
Die Milch aufkochen, das Puddingpulver mit ein paar Löffel kalter Milch versprudeln und den Zucker dazu geben.1 Minute kochen, wegziehen, weiterrühren. In Schüsseln aufteilen.

Vitamindrink

Frisch gepresste Säfte oder selbst gemachte Verdünnungsäfte, z. B. Multivitaminsaft mit Wasser verdünnt oder Maracujasaft mit stillem Mineralwasser verdünnt.

Haferflockensuppe · Pofesen mit Apfelmus · Orangentee

Haferflockensuppe

Zutaten (10 Personen)
20 g Butter | 20 g Rapsöl | 1 Zwiebel | 1 Karotte | 120 g Haferflocken | Salz | Pfeffer | Petersilie | Suppenwürfel (pflanzlich) | 2 ½ l Gemüsebrühe (Würfel)

Zutaten (4 Personen)
10 g Butter | 10 g Rapsöl | 1 kleine Zwiebel | 1 kleine Karotte | 60 g Haferflocken | Salz | Pfeffe | Petersilie | Suppenwürfel (pflanzlich) | 1 l Gemüsebrühe (Würfel)

Zubereitung
Zwiebel schälen, klein schneiden, in Butter und Öl hellbraun anschwitzen. Die Haferflocken kurz mitrösten, mit der Suppe aufgießen, ca. 10 Minuten ziehen lassen, würzen und mit Petersilie bestreut servieren.

Pofesen

Zutaten (10 Personen)
20 Stück Toastbrot | ½ Liter Milch | 2 Eier | Prise Salz | Mehl glatt (die Hälfte davon Vollkornmehl) | 1 kleiner Becher Powidlmarmelade | Rapsöl

Zutaten (4 Personen)
8 Stück Toastbrot | ¼ Liter Milch | 1 Ei | Prise Salz | Mehl glatt | 8 EL Powidlmarmelade | Rapsöl

Zubereitung
Einen dicken Palatschinkenteig aus Milch, Ei und Mehl machen. Die Toastbrote auf einer Seite mit Powidlmarmelade bestreichen; immer zwei Stück zusammenkleben. In Palatschinkenteig eintauchen und schwimmend in Rapsöl beidseitig backen. Auf einer Küchenrolle abtropfen lassen und mit Staubzucker bestreuen.

Apfelmus

Siehe Seite 29.

Orangentee

Früchtetee zubereiten, frisch gepressten Orangensaft dazu geben.

Klare Gemüsesuppe mit Einlage · Fischfilet in Sesam-Käsepanier · Gemüsereis · Gurkensalat mit Sauerrahmdressing · Tee

Klare Gemüsesuppe mit Einlage

Gemüsesuppe-Rezept siehe Seite 20
Suppeneinlage nach Wunsch wählen, z. B. Nudeln, Backerbsen, Schöberl

Fischfilet in Sesam-Käsepanier

Zutaten (10 Personen)

1500 g Fischfilet nach Wahl | 5 Eier | 450 g Sesam | 180 g Brösel | etwas Vollkornmehl | 180 g geriebener Käse (z. B. Edamer) | Zitronensaft | Salz | Pfeffer | Petersilie | Rapsöl

Zutaten (4 Personen)

600 g Fischfilet nach Wahl | 2 Eier | 180 g Brösel | etwas Vollkornmehl | 80 g geriebener Käse (z. B. Edamer) | Zitronensaft | Salz | Pfeffer | Petersilie | Rapsöl

Zubereitung

Die Fischfilets mit Zitronensaft beträufeln, mit Salz und Pfeffer würzen, in Mehl wenden. Eier verquirlen und den Fisch durchziehen. Sesam, Brösel und Käse als Panier mischen, den Fisch darin wenden. In Öl beidseitig herausbacken.

Gemüsereis

Zutaten (10 Personen)

800 g Reis | 100 g Butter | 200 g Mischgemüse, Erbsen, Karotten (frisch oder gefroren) | Salz

Zutaten (4 Personen)

320 g Reis | 40 g Butter | 80 g Mischgemüse - Salz, Erbsen, Karotten | Salz

Zubereitung

Den Reis mit doppelt so viel Wasser ca. ½ Stunde kochen. Das Gemüse etwa 10 Minuten leicht dämpfen. Vermischen und Butter beifügen, mit Salz würzen.

Gurkensalat mit Sauerrahmdressing

Zutaten (10 Personen)
2 große Salatgurken | 0,6 l Sauerrahm | 50 ml Orangensaft | 12,5 ml Zitronensaft | etwas Zitronenmelisse | Salz | Pfeffer | Olivenöl

Zutaten (4 Personen)
1 Salatgurke | 2 EL Sauerrahm | Spritzer Orangensaft | Spritzer Zitronensaft | Zitronenmelisse | Salz | Pfeffer | Olivenöl

Zubereitung
Gurken schälen, in dünne Scheiben hobeln. Alle anderen Zutaten verquirlen und mit den Gurken vermengen. Die Zitronenmelisse fein schneiden und darunter geben.

Tee nach Wahl

Tomatencremesuppe · Kartoffelauflauf · Gemischter Salat der Saison · Fruchtdrink

Tomatencremesuppe

Zutaten (10 Personen)
600 g Tomaten (geschält) | 100 g Zwiebeln | 25 g Olivenöl | 250 g Karotten | 1 ½ l Wasser | 100 g Tomatenmark | Salz | Pfeffer | Knoblauch | etwas Zucker

Zutaten (4 Personen)
240 g Tomaten (geschält) | 1 Zwiebel | etwas Olivenöl | 100 g Karotten | ¾ l Wasser | 50 g Tomatenmark | Salz | Pfeffer | Knoblauch | etwas Zucker

Zubereitung
Die Zwiebeln schneiden und in Öl leicht anlaufen lassen. Den zerdrückten Knoblauch, würfelig geschnittene Karotten und Tomatenmark, etwas Zucker und gewürfelte Tomaten dazu geben. Mit Wasser auffüllen, würzen, kochen lassen. Mit dem Mixstab pürieren und abschmecken. Wenn nötig etwas eindicken mit Maizena.

Kartoffelauflauf

Zutaten (10 Personen)
1500 g Kartoffeln | 120 g Karotten | 120 g Zucchini | 120 g grüner Paprika | 120 g Lauch | 200 g Haferflocken | 5 Eier | 200 g Parmesan | ¼ l Sauerrahm | Rapsöl | Salz | Pfeffer | Muskat | Kräuter

Zutaten (4 Personen)
600 g Kartoffeln | 50 g Karotten | 50 g Zucchini | 50 grüner Paprika | 50 g Lauch | 100 g Haferflocken | 2 Eier | 100 g Parmesan | 125 ml Sauerrahm | Rapsöl | Salz | Pfeffer | Muskat | Kräuter

Zubereitung
Die rohen Kartoffeln schälen und in dünne Scheiben schneiden. Gemüse in kleine Würfel schneiden, in einer Pfanne anschwitzen, die Haferflocken zugeben, leicht mitrösten. Aus Dotter, Sauerrahm und etwas Öl, einen Abtrieb machen. Eiklar zu Schnee schlagen. Zuerst den Abtrieb, dann den Schnee unter die Kartoffelmasse heben. In einer gefetteten Auflaufform oder Wanne im Backrohr ca. 40 Minuten bei 160° C backen.

Salate der Saison

Fruchtdrink aus Melissentee und Frischsaft

Pikantes Geschnetzeltes · Bandnudeln · Rote-Rübensalat · Ruck-Zuck-Schnitten · Himbeersaft

Pikantes Geschnetzeltes

Zutaten (10 Personen)
1500 g Schnitzelfleisch | 300 g magerer Speck | 100 g Champignons | 5 Zwiebeln | Salz | Pfeffer | Mehl zum Binden | 1 Becher Schlagobers

Zutaten (4 Personen)
800 g Schnitzelfleisch | 100 g magerer Speck | 50 g Champignons | 2 Zwiebeln | Salz | Pfeffer | Mehl zum Binden | ½ Becher Schlagobers

Zubereitung
Die Zwiebeln schälen, klein schneiden und mit in Würfel geschnittenem Speck anrösten. Das in Streifen geschnittene Fleisch ebenfalls anbraten. Anschließend mit Wasser aufgießen, das Fleisch soll bedeckt sein. Würzen und halbweich dünsten. Die Champignons blättrig schneiden und dazu geben – fertig dünsten. Mit Schlagobersgmachtl (Schlagobers und etwas Mehl verquirlen) binden. Mit Salz, Pfeffer und etwas zerbröseltem Suppenwürfel fertig abschmecken.

Bandnudeln

Zutaten (10 Personen)
800 g Bandnudeln | Olivenöl | Salz | Kräuter

Zutaten (4 Personen)
320 g Bandnudeln | Olivenöl | Salz | Kräuter

Zubereitung
In einem sehr großen Topf Wasser erhitzen, bis es kocht. Salzen. Die Bandnudeln einlegen und bissfest (5 bis 8 Minuten, je nach Fabrikat) kochen. Abgießen, mit Olivenöl und Kräutern vermengen.

Rote-Rübensalat

Siehe Seite 46.

Ruck-Zuck-Schnitten

Zutaten (24 Stück)

100 g Butter | 2 Eier | 300 g Zucker | 2 gehäufte TL Kakao | 2 EL Rum | 1 Vanillezucker | 1 Backpulver | 400 g Mehl (½ griffig, ½ Vollkornmehl) | ¼ l schwarzer Bohnenkaffee

Zubereitung

Fett schaumig rühren, die restlichen Zutaten der Reihe nach einarbeiten und die Masse auf ein befettetes Blech streichen. Im Rohr bei 170° C ca. 30 Minuten backen. (Im Kombidämpfer 160° C, HL ca. 30 Minuten backen.) Bei Schulblech 1½ fache Menge der Masse nehmen.

Himbeersaft (Verdünnungssaft)

Kaiserschöberlsuppe · Topfenstrudel mit Erbeersauce · Kakao

Kaiserschöberlsuppe

Zutaten (10 Personen)
125 g Butter | 3 Eier (getrennt) | 100 g glattes Mehl | 100 g Dinkelmehl | ¼ l Milch | Salz | Muskat | Kräuter

Zutaten (4 Personen)
50 g Butter | 2 kleine Eier (getrennt) | 40 g glattes Mehl | 40g Dinkelmehl | 125 ml Milch | Salz | Muskat | Kräuter

Zubereitung
Rindssuppe siehe Seite 22.
Butter schaumig rühren, Dotter und das Mehl löffelweise einrühren, die Milch untermengen, würzen. Steif geschlagenes Eiklar darunter ziehen, die kleingeschnittenen Kräuter unterheben. Die Masse auf ein mit Backpapier belegtes Blech aufstreichen und 10 bis 12 Minuten bei 160° C backen. In Rauten schneiden, das sind kleine, verschobene Vierecke. Mit der Rindsuppe anrichten.

Topfenstrudel

Zutaten (2 Strudel)
250 g Weizenmehl | 250 g Magertopfen | 250 g Butter | Prise Salz | 1 Messerspitze | Backpulver

Zutaten (1 Strudel)
125 g Weizenmehl | 125 g Magertopfen | 125 g Butter | Prise Salz | 1 Messerspitze | Backpulver

Zubereitung
Die Zutaten rasch zu einem Teig verarbeiten und ½ Stunde rasten lassen. Den Teig rechteckig ausrollen, nur in der Mitte mit der Topfenmasse bestreichen. Die seitlichen Teile zusammenklappen, auf ein mit Trennpapier belegtes Blech legen.
Bei 175° C backen.

Zutaten (Fülle - 2 Strudel)
400 g Magertopfen | 4 Eier (getrennt) | 200 g Vollzucker | 2 Pkg. Vanillezucker | Rosinen | etwas abgeriebene Zitronenschale | 6 EL Sauerrahm

Zutaten (Fülle - 1 Strudel)
200 g Magertopfen | 2 Eier (getrennt) | 100 g Vollzucker | 1 Pkg.Vanillezucker | Rosinen | etwas abgeriebene Zitrone | 3 EL Sauerrahm

Zubereitung
Topfen mit den Dottern, Zucker, Vanille und Zitronenschale verrühren. Nach Wunsch Rosinen dazu geben. Vom Eiklar Schnee schlagen und unter die Masse heben.

Erdbeersauce

Zutaten (10 Personen)
1000 g frische Erdbeeren | Vollwertzucker

Zutaten (4 Personen)
400 g frische Erdbeeren | Vollwertzucker

Zubereitung
Mit Pürierstab pürieren und nach nach Wunsch süßen.

Kakao dazu servieren

Truthahngeschnetzeltes mit Reis und Brokkoli · Obstdessert · Hollersaft

Truthahngeschnetzeltes

Zutaten (10 Personen)
1500 g Truthahnfleisch | 2 Zwiebeln | 2 grob geraspelte Karotten | 2 fein geschnittene grüne Gemüsepaprika | Salz | Pfeffer | Majoran | Suppenwürfel (pflanzlich) | ½ Becher Schlagobers | ½ Becher Sauerrahm | Olivenöl | 2 EL Mehl

Zutaten (4 Personen)
600 g Truthahnfleisch | 1 Zwiebel | 1 Karotte | 1 grüner Paprika | Salz | Pfeffer | Majoran | Suppenwürfel (pflanzlich) | ¼ Becher Schlagobers | ¼ Becher Sauerrahm | Olivenöl | 1 EL Mehl

Zubereitung
Zwiebeln schälen, fein hacken und in Olivenöl anrösten. Das würfelig geschnittene Fleisch kurz mitrösten, mit dem Mehl stauben, mit so viel Suppe aufgießen, dass sie das Fleisch bedeckt. Weich dünsten, salzen, pfeffern und Majoran dazu geben. Wenn nötig, noch etwas eindicken. Mit Obers und Sauerrahm verfeinern, fertig abschmecken; Kräuter darunter geben.

Brokkoli

Zutaten (10 Personen)
1000 g Brokkoli | etwas Butter | Salz

Zutaten (4 Personen)
400 g Brokkoli | etwas Butter | Salz

Zubereitung
Brokkoli waschen, in kleine Röschen teilen, Strunk klein schneiden und dämpfen. Mit Butter und Salz verfeinern.

Reis

Zutaten (10 Personen)
400 g Reis | 400 g Dinkelreis | Wasser (doppelt soviel wie Reis) | 100 g Butter | Salz | Kräuter

Zutaten (4 Personen)
160 g Reis | 160 g Dinkelreis | Wasser (doppelt soviel wie Reis) | 40 g Butter | Salz | Kräuter

Zubereitung
Man kocht den Reis ca. 40 Minuten, verfeinert ihn mit zerlassener Butter und Kräutern, und würzt mit Salz.

Obst nach Saison, bunt gemischt auf Platte auflegen

Hollersaft

Tipp:
Tiefgefrorenes Fleisch sollte im Kühlschrank auftauen. Durch das langsame Auftauen läuft weniger Wasser aus und das Fleisch wird saftiger.

Weißwurst mit Bratkartoffeln und Sauerkraut Cremeroulade Himbeersaft

Augsburger Weißwürste

Zutaten

Je nach Personenanzahl, Menge besorgen.

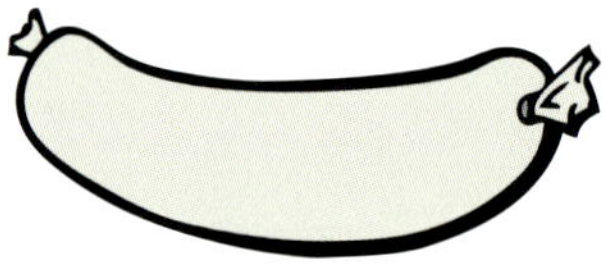

Zubereitung

Die Haut der Würste entfernen und der Länge nach in der Mitte durchschneiden. Beidseitig in einer Pfanne in Rapsöl anbraten.

Bratkartoffeln

Zutaten (10 Personen)

2000 g Kartoffeln (speckige) | 2 Zwiebeln | Salz | Kümmel (gemahlen) | Pfeffer | Petersilie | Rapsöl

Zutaten (4 Personen)

800 g Kartoffeln (speckige) | 1 Zwiebel | Salz | Kümmel (gemahlen) | Pfeffer | Petersilie | Rapsöl

Zubereitung

Kartoffeln kochen, schälen und blättrig schneiden. Zwiebeln schälen, klein hacken, in Öl braun anrösten und die Kartoffelscheiben dazu mischen. Mit den Gewürzen und der Petersilie bestreuen.

Sauerkraut

Siehe Seite 41.

Cremeroulade mit Orangen

Zutaten (15 Stück)

4 Eier (Eier trennen) | 4 EL Wasser | 150 g Vollwertzucker | 1 Pkg. Vanillezucker | abgeriebene Schale einer halben Orange | 120 g Mehl (die Hälfte Dinkelmehl) | 1 TL Backpulver

Zubereitung

Dotter, warmes Wasser, Zucker, Vanillezucker und Orangenschale sehr schaumig rühren. Das gesiebte Mehl mit Backpulver vermengen und abwechselnd mit steifem Schnee unter die Dottermasse ziehen. Auf ein Backblech (belegt mit Backpapier) streichen und bei 180° C ca. 8 bis 10 Minuten backen. Wenn die Masse fertig gebacken ist, sofort mit dem Papier einrollen und auskühlen lassen.

Creme

Zutaten

¼ l Orangensaft | ½ Pkg. Puddingpulver Orange oder Vanille | 200 g Butter | 180 g Staubzucker | 1 Pkg. Vanillezucker | abgeriebene Schale einer ½ Orange | 1 Orange zum Verzieren

Zubereitung

Puddingpulver mit wenig Orangensaft verrühren. Restlichen Orangensaft erhitzen und nach Packungsanweisung fertig stellen. Auskühlen lassen, öfters umrühren. Butter mit Zucker, Vanillezucker und Orangenschale sehr schaumig rühren, den Pudding löffelweise dazumengen, bis eine lockere Creme entsteht. Die ausgekühlte Roulade innen und außen mit Creme bestreichen. Mit Orangenspalten oder kleinen Orangenstücken belegen.

Himbeersaft

Frühlingskräuter-Schaumsuppe · Gemüsefleckerl · Salatteller · Orangensaft

Frühlingskräuter-Schaumsuppe

Zutaten (10 Personen)
120 g Butter | frische Kräuter aus dem Garten | 2 EL Weizenmehl | 2 EL Dinkelmehl | 2 l Gemüsesuppe (Suppenwürfel pflanzlich) | ½ Becher Obers | ½ Becher Sauerrahm | Muskat | Salz | Zitronensaft | Schnittlauch | Dille

Zutaten (4 Personen)
60 g Butter | frische Kräuter aus dem Garten | 1 EL Weizenmehl | 1 EL Dinkelmehl | 1 Liter Gemüsesuppe (Suppenwürfel pflanzlich) | 2 EL Obers | 2 EL Sauerrahm | Muskat | Salz | Zitronensaft | Schnittaluch | Dille

Zubereitung
Die Butter erhitzen und das Mehl leicht anschwitzen, aufgießen mit der Suppe, würzen und mit dem verquirltem Obers-Sauerrahmgemisch etwas köcheln lassen. Die Kräuter fein schneiden und über die Suppe streuen.

Gemüsefleckerl

Zutaten (10 Personen)
500 g Fleckerl | 7 Eier | 1 große Zwiebel | 6 Knoblauchzehen | 750 g Gemüse (Karotten, Zucchini) | 300 ml Sauerrahm | ½ l Magermilch | 200 g Joghurtkäse

Zutaten (4 Personen)
200 g Fleckerl | 3 Eier | 1 kleine Zwiebel | 2 Knoblauchzehen | 300 g Gemüse (Karotten Zucchini) | 120 ml Sauerrahm | 200 ml Magermilch | 80 g Joghurtkäse

Zubereitung
Zwiebel schälen und in feine Streifen schneiden, das Gemüse fein raspeln. Knoblauch blättrig schneiden und alles in eine Schüssel geben. Dazu kommen die rohen Fleckerl, die mit Sauerrahm und Milch versprudelten Eier, Gewürze und Kräuter. Alles gut vermengen. Die Masse in eine Auflaufform geben, etwas andrücken, mit geriebenen Käse bestreuen, bei 165° C ca. 40 Minuten backen.

Salat nach Saison dazu reichen

Verdünnungssaft anbieten

Petersiliensuppe · Mac Greenburger mit Fleisch-Hirse-Laibchen · Bosnersauce · Hollerblütensaft

Petersiliensuppe

Zutaten (10 Personen)
1 Zwiebel | 60 g Butter | 1,5 l klare Gemüsesuppe (Würfel) | ½ Becher Obers | ½ Becher Sauerrahm | 4 EL Dinkelmehl | Salz | Pfeffer | etwas Zitronensaft | Petersilie | Nach Wunsch geröstete Weißbrotwürfel dazu geben.

Zutaten (4 Personen)
1 Zwiebel | 30 g Butter | ½ l klare Gemüsesuppe (Würfel) | ½ Becher Obers | 2 EL Sauerrahm | 2 EL Dinkelmehl | Salz | Pfeffer | etwas Zitronensaft | Petersilie

Zubereitung
Die Zwiebel klein schneiden, anrösten und das Mehl kurz mitrösten, mit der Suppe aufgießen und aufkochen. Würzen, mit den Rührstab mixen, mit dem verquirlten Obers-Sauerrahm-Gemisch verfeinern. Die Petersilie (klein geschnitten) beimengen und fertig abschmecken.

Mac Greenburger

Zutaten (10 Personen)
10 Hamburgerweckerl mit Sesam | 10 Salatblätter | 20 Salatgurkenscheiben

Zutaten (4 Personen)
4 Hamburgerweckerl mit Sesam | 4 Salatblätter | 8 Salatgurkenscheiben

Fleisch-Hirse-Laibchen

Zutaten (10 Personen)
1250 g Faschiertes gemischt | 250 g Goldhirse | 2 Zwiebeln | 2 Zehen Knoblauch | Salz | Pfeffer | Majoran | Kräuter | 250 g Magertopfen zum Binden | Rapsöl

Zutaten (4 Personen)
500 g Faschiertes gemischt | 100 g Goldhirse | 1 Zwiebel | 1 Zehe Knoblauch | Salz | Pfeffer | Majoran | Kräuter | 100 g Magertopfen zum Binden | Rapsöl

Zubereitung

Die Goldhirse kochen, auskühlen lassen, mit klein geschnittenen, in Öl angerösteten Zwiebeln, Faschiertem, den Gewürzen und dem Topfen in einer Schüssel vermengen. In Öl flache Laibchen herausbacken. Die Salatblätter und die Salatgurke waschen und in Scheiben schneiden

Bevor man die halbierten Weckerl mit Salat und Fleischlaibchen füllt, gibt man sie kurz ins Backrohr, damit sie knusprig sind.

Bosnersauce

Ketchup | Senf | 1 Zwiebel | Salz | Curry

Das Ketchup und den Senf vermengen (halb/halb), salzen, etwas Curry dazu geben, die fein geschnittene Zwiebel darunter mengen. Zum Burger reichen.

Hollerblütensaft (Verdünnungssaft)

Naturschnitzel Jägerart · Kartoffelknödel · Eisblattsalat bunt gemischt · Pfirsichjoghurt · Schwarzer Johannisbeersaft

Naturschnitzel Jägerart

Zutaten (10 Personen)
10 Puten- oder Schweinsschnitzel (a 150 g) | Salz | Pfeffer | 3 EL Vollwertmehl | 2 Zwiebeln | 100 g Champignons | 300 g Speckwürfel | etwas Zitronensaft | Salz | Pfeffer | Suppenwürfel (pflanzlich) | ½ Becher Sauerrahm

Zutaten (4 Personen)
4 Puten oder Schweinsschnitzel (a 150 g) | Salz | Pfeffer | 1 EL Vollwertmehl | 1 Zwiebel | 40 g Champignons | 120 g Speckwürfel | etwas Zitronensaft | Salz | Pfeffer | Suppenwürfel (pflanzlich) | 2 EL Sauerrahm

Zubereitung
Die geklopften, gewürzten Schnitzel in Mehl wenden und in Olivenöl herausbacken. In einer anderen Pfanne klein geschnittene Zwiebeln anrösten, den Speck und die blättrig geschnittenen Champignons dazu geben. Das Ganze über die Schnitzel leeren und mit etwas Rahmgmachtl eindicken. Fertig abschmecken mit etwas Zitronensaft und Suppenwürfel (pflanzlich). Zum Schluss noch ½ Stunde leicht dünsten lassen.

Kartoffelknödel

Zutaten (10 Personen)
1000 g mehlige Kartoffeln | 300 g Kartoffelmehl | 2 EL Grieß | 2 Eier | Salz | Muskat

Zutaten (4 Personen)
400 g mehlige Kartoffeln | 120 g Kartoffelmehl | 1 EL Grieß | 1 Ei | Salz | Muskat

Zubereitung
Die Kartoffeln dämpfen, schälen und passieren, mit Kartoffelmehl, Grieß, Gewürzen und Eiern vermengen, etwas stehen lassen. Vom Teig eine Rolle formen und mit der Teigkarte kleine Stücke abstechen. Runde Knödel formen. In leicht kochendem Salzwasser die Knödel ca. 15 Minuten ziehen lassen.

Eisblattsalat

Zutaten (10 Personen)
500 g Eisblattsalat | Balsamikoessig | Olivenöl | Salz | Pfeffer | Prise Zucker | 3 Tomaten | frische Kräuter

Zutaten (4 Personen)

200 g Eisblattsalat | Balsamikoessig | Olivenöl | Salz | Pfeffer | Prise Zucker | 1 große Tomate | frische Kräuter

Zubereitung

Den gewaschenen, geschnittenen Salat mit verdünntem Essig, den Gewürzen und mit Olivenöl gut vermengen; frischen Schnittlauch darüber geben. Ein paar in Spalten geschnittene Tomaten hinzu fügen.

Pfirsichjoghurt

1 l Naturjoghurt mit klein geschnittenen Dosenpfirsichen vermengen. Mit Vollwertzucker süßen.

Schwarzer Johannisbeersaft (Verdünnungssaft)

Hühnersuppe mit Eierblümchen und Tiernudeln

Zutaten (10 Personen)
1000 g Hühnerflügerl | 2 ½ l Wasser | 500 g Karotten | 500 g Erbsen | 300 g Eierteigwaren (Tiere) | 2 Eier | Muskat | Salz | Pfeffer | Suppenwürze (pflanzlich) | Schnittlauch

Zutaten (4 Personen)
400 g Hühnerklein | 1 l Wasser | 200 g Karotten | 200 g Erbsen | 120 g Eierteigwaren (Tiere) | 1 Ei | Muskat | Salz | Pfeffer | Suppenwürfel (pflanzlich) | Schnittlauch

Zubereitung
Die Hühnerflügel abspülen, in Wasser mit den Gewürzen ca. ½ Stunde kochen. In der abgeseihten Suppe Karottenwürfel und Erbsen ca. 20 Minuten kochen. Hühnerfleisch von den Knochen befreien und fein schneiden, in die Suppe geben. Eier verquirlen, langsam in die Suppe leeren und dabei umrühren; leicht köcheln lassen. Die Eierteigwaren kochen, abseihen, in die Suppe geben, fertig abschmecken, Schnittlauch darüber streuen.

Kokosschmarrn

Zutaten (10 Personen)
1,5 l Milch | 10 Dotter | 10 Eiweiß | Salz | Vollwertzucker | 2 Vanillezucker | glattes Mehl | 10 EL Kokossette | Rapsöl

Zutaten (4 Personen)
0,6 ml Milch | 4 Dotter | 4 Eiweiß | Salz | Vollwertzucker | 1 Vanillezucker | glattes Mehl | 4 EL Kokos | Rapsöl

Zubereitung
Die Zutaten vermengen und so viel Mehl dazurühren, dass ein dickflüssiger Teig entsteht. Eiweiß zu Schnee schlagen und darunter heben. In einer Pfanne Öl erhitzen, etwas Teigmasse einleeren und backen. Das Teigstück in der Mitte durchschneiden und die gebackenen Teile umdrehen.Den Schmarrn mit einem Küchenfreund in Stücke zerreißen. Etwas Zucker darüber streuen, in eine andere Pfanne geben und ins Rohr stellen. Vorgang wiederholen, bis die Teigmasse verbraucht ist. Mit Vanillezucker bestreuen.

Birnenmus

Zutaten (10 Personen)
10 Birnen | ½ l Wasser | Saft einer halben Zitrone | etwas Vollwertzucker | 1 Zimtstange

Zutaten (4 Personen)
4 Birnen | ¼ l Wasser | Spritzer Zitrone | etwas Vollwertzucker | 1 kleine Zimtstange

Zubereitung
Die Birnen schälen, in Spalten schneiden, in kochendes Wasser legen, mit Zimtstange und Zitronensaft etwas dünsten. Die Zimtstange herausgeben. Eventuell etwas Flüssigkeit ableeren, pürieren, wenn nötig mit Zucker süßen.

Kakao (¼ Liter pro Person)

Tipp:

Verwenden Sie verstärkt Vollkornmehl!

Es muss nicht immer zu 100% Vollkorn sein. Versuchen Sie zuerst ein Viertel, ein Drittel, dann die Hälfte des weißen Mehls durch Vollkorn zu ersetzen. Kuchen und Mehlspeisen werden dadurch saftiger und gesünder.

Berner Spätzle

Zutaten (10 Personen)

250 g glattes Mehl | 250 g Dinkelmehl | Salz | Muskat | 3 Eier | Wasser nach Gefühl | 1 Zwiebel | 150 g kleinwürfeliger Speck | 150 geriebener Edamer | Rapsöl | frischer Schnittlauch

Zutaten (4 Personen)

100 g glattes Mehl | 100 g Dinkelmehl | Salz | Muskat | 1 Ei | Wasser nach Gefühl | 1 kleine Zwiebel | 70 g würfelig geschnittener Speck | 70 g geriebener Edamer | Rapsöl | frischer Schnittlauch

Zubereitung

Alle Zutaten miteinander vermengen, das lauwarme Wasser langsam unter ständigem Rühren dazu geben, bis ein weicher, dünnerer Teig entsteht. In kochendes Wasser durch Spätzlesieb streichen, aufkochen und abseihen. Die Zwiebel schälen, klein schneiden, in Öl anrösten und den klein geschnittenen Speck mitrösten. Die Spätzle dazu geben, würzen, schwenken, den geriebenen Käse dazu geben. Mit Schnittlauch bestreuen.

Frühlingssalat

Zutaten (10 Personen)

500 g grüne Salate (Vogerlsalat, Ruccola, Kopfsalat) | 4 Frühlingszwiebeln | 1 Karotte | 1 Dose Mais | Salz | Prise Zucker | Apfelessig | Rapsöl

Zutaten (4 Personen)

200 g grüne Salate (Vogerlsalat, Ruccola Kopfsalat) | 2 Frühlingszwiebeln | 1 kleine Karotte | etwas Mais | Salz | Prise Zucker | Apfelessig | Rapsöl

Zubereitung

In eine Schüssel mit Wasser den Apfelessig (verdünnt), die Gewürze, das Rapsöl, die klein geschnittenen Frühlingszwiebeln und die gewaschenen Salate geben. Mit Mais und geraspelten Karotten eine bunte Salatschüssel zubereiten.

Karottentorte

Zutaten (16 Stück)

250 g Karotten, fein geraspelt | 5 Eier (trennen) | 200 g brauner Zucker | Prise Salz | ½ Pkg. Backpulver | 60 g Dinkelmehl | 300 g geriebene Mandeln | 1TL Zimt

Zubereitung

Dotter mit Zucker schaumig rühren, die fein geraspelten Karotten beimengen, das steif geschlagene Eiweiß mit den restlichen Zutaten leicht unterheben. In eine befettete Tortenform oder Kastenform füllen und bei 175° C backen.
Eventuell mit Schokoglasur überziehen.

Hollerapfelsaft (Verdünnungssaft)

Kartoffelsuppe Nordsee · Erdäpfel-Apfelnocken · Apfelmus · Saft

Kartoffelsuppe Nordsee

Zutaten (10 Personen)
500 g Kartoffeln (mehlig) | 1 Zwiebel | 1 Zehe Knoblauch | 1 Sellerie | 1 kleine Stange Porree 1 Karotte | 1 l klare Gemüsesuppe | Salz | Pfeffer | Majoran | ½ Becher Sauerrahm | 250 g Schollenfilet (oder Krabben) | 150 g magerer Speck | 5 Schnitten Weißbrot (in Würfel schneiden und in Rapsöl anrösten) | Schnittlauch

Zutaten (4 Personen)
200 g Kartoffeln (mehlig) | 1 kleine Zwiebel | 1 Zehe Knoblauch | ¼ Sellerie | ½ Stange Porree | 1 kleine Karotte | ½ Liter klare Gemüsesuppe | Salz | Pfeffer | Majoran 2 EL Sauerrahm | 100 g Schollenfilet (oder Krabben) | 60 g magerer Speck | 2 Schnitten Weißbrot (in Würfel schneiden und in Rapsöl kurz anrösten) | Schnittlauch

Zubereitung
Die geschälte Zwiebel anrösten, den geschälten, grob geraspelten Sellerie mitrösten, die Kartoffeln (geschält und würfelig geschnitten) und den Knoblauch ebenfalls mitrösten. Mit der Suppe aufgießen und alles miteinander leicht köcheln lassen.
Nach ca. ½ Stunde würzen und pürieren, den extraklein geschnittenen Porree und die gestiftelten Karotten in die Suppe geben. Den Fisch in Würfeln schneiden und ebenfalls zufügen. Mit verquirltem Sauerrahm verfeinern und mit dem würfelig geschnittenen Speck ca. 30 Minuten ziehen lassen, nochmals würzen. Wenn nötig, etwas eindicken. Die gerösteten Weißbrotwürfel in die Suppe geben und mit Schnittlauch bestreuen.

Erdäpfel-Apfelnocken

Zutaten (10 Personen)
1500 g mehlige Kartoffeln | 240 g glattes Mehl | 200 g Dinkelmehl | 100 g feiner Grieß 4 Dotter | Salz

Zutaten (Fülle - 10 Personen)
1500 g Äpfel | 500 ml Apfelsaft | Saft von 3 Zitronen | Staubzucker und Zimt zum Bestreuen

Zutaten (4 Personen)
600 g mehlige Kartoffeln | 96 g glattes Mehl | 80 g Dinkelmehl | 40 g feiner Grieß | 2 Dotter | Salz

Zutaten (Fülle - 4 Personen)

600 g Äpfel | 200 ml Apfelsaft | Saft von 1 großen Zitrone | Staubzucker und Zimt zum Bestreuen

Zubereitung

Einen Erdäpfelteig bereiten. Dazu die Kartoffeln kochen, schälen, noch heiß reiben und mit den übrigen Zutaten zu einem Teig verkneten, kurz rasten lassen. Eine Rolle formen und mit dem Teigschaber kleine Teile abstechen.

Die Äpfel schälen, vierteln, das Kerngehäuse entfernen, in ca 2 cm breite Spalten schneiden und mit Apfelsaft und Zitronensaft vermengen. Die Apfelspalten etwa 30 Minuten ziehen lassen, abseihen, abtropfen lassen und die Äpfel in den Teig einschlagen. Die Apfelnocken in erhitztem Rapsöl auf allen Seiten kurz schwimmend backen, dann dicht nebeneinander in Pfanne schlichten. Im Rohr ca. 30 Minuten backen bei 180° C. Mit Zimt und Zucker bestreuen.

Apfelmus

Siehe Seite 29.

Saft nach Wahl

Tipp:

Mehlspeisen sind als Haupt- und Nachspeisen beliebt und bieten viel Abwechslungsmöglichkeit.

Fisch-Reispfanne · Kopfsalat · Topfentiramisu · Orangensaft

Fisch-Reispfanne

Zutaten (10 Personen)

2000 g Fischfilet | Saft von 2 Zitronen | 3 große Zwiebeln | Rapsöl | 500 g Naturreis | je 1 großer roter und gelber Paprika | 1 Lauch | 1 l Gemüsebrühe (Würfel) | Pfeffer | Salz | Oregano

Zutaten (4 Personen)

800 g Fischfilet | Saft von 1 Zitrone | 1 große Zwiebel | Rapsöl | 200 g Naturreis | je ½ roter und gelber Paprika | ½ Lauch | 400 ml Gemüsebrühe (Würfel) | Pfeffer | Salz | Oregano

Zubereitung

Den Fisch säubern, mit Zitronensaft beträufeln, mit Salz und Pfeffer bestreuen. Die feinwürfelig geschnittenen Zwiebeln in Öl leicht goldbraun anrösten und die feinstreifig geschnittenen Paprika und Lauch mitrösten. Den Naturreis waschen und hinzugeben. Mit der Gemüsebrühe aufgießen. Würzen und gut durchkochen. Zuletzt den würfelig geschnittenen Fisch auf das Gemüse legen und auf kleiner Flamme ca. 30 min zugedeckt dünsten lassen. Mit frischen Kräutern bestreuen.

Kopfsalat

Zutaten (10 Personen)

2 Kopfsalate | 1 große Karotte | 1 große Zwiebel | Apfelessig | Rapsöl | Salz | Prise Zucker | Schnittlauch

Zutaten (4 Personen)

1 Kopfsalat | 1 kleine Karotte | 1 kleine Zwiebel | Apfelessig | Rapsöl | Salz | Prise Zucker | Schnittlauch

Zubereitung

Gewaschenen, zerkleinerten Salat mit der geriebenen Karotte und der sehr klein gehackten Zwiebeln in einer Schüssel mit den übrigen Zutaten (Apfelessig verdünnen) gut vermengen. Den fein geschnittenen Schnittlauch darüber streuen.

Topfentiramisu

Zutaten (10 Personen)

75 Biskotten | 625 g Magertopfen | Vanillepudding (¼ l Magermilch, 20 g Vanillepuddingpulver, 20 g Vollwertzucker) | 120 g Obers | Vanille | ½ l Kakao zum Tränken | Kakaopulver

Zutaten (4 Personen)

35 Biskotten | 310 g Magertopfen | Vanillepudding (125 ml Magermilch,10 g Vanillepuddingpulver, 10 g Vollwertzucker) | 60 g Obers | Vanille | ¼ Liter Kakao zum Tränken | Kakaopulver

Zubereitung

Einen Vanillepudding nach Anleitung auf der Packung herstellen, abkühlen lassen (während des Erkaltens häufig umrühren, sonst bekommt er eine Haut). Den abgekühlten Pudding mit Topfen, Vanillezucker und steif geschlagenem Obers vermengen. Eine viereckige Form vorbereiten. Die unterste Schicht besteht aus kurz in Kakao getunkten Biskotten. Abwechselnd 1 Schicht getunkte Biskotten, 1 Schicht Vanillecreme, bis alles aufgebraucht ist. Mit Kakaopulver bestreuen und gut kühlen.

Orangensaft

Tipp:

Zum Binden kann man Topfen für sämtliche Speisen verwenden, wie zum Beispiel für Fleischlaibchen oder Gemüselaibchen. Auch als Ersatz für Eier kommt er in Frage.

Chicken Wings · Kartoffelsalat · Dip · Vollkorngebäck · Zwetschkenkompott · Schwarzer Ribiselsaft

Chicken Wings

Zutaten (10 Personen)
60 Stück Hühnerflügel | Salz | Pfeffer | Paprika | Knoblauch | Rosmarin

Zutaten (4 Personen)
24 Stück Hühnerflügel | Salz | Pfeffer | Paprika | Knoblauch | Rosmarin

Zubereitung
Die Hühnerflügel mit den Gewürzen bestreuen und im Rohr bei 180° C ca. 30 bis 40 Minuten braten. Mit Wasser leicht aufgießen, die Flügel öfters wenden.

Kartoffelsalat

Zutaten (10 Personen)
2000 g speckige Kartoffeln | 1 große Zwiebel | Salz | Pfeffer | 1 TL süßer Senf | Kräuteressig | Olivenöl | frischer Schnittlauch

Zutaten (4 Personen)
800 g speckige Kartoffeln | 1 Zwiebel | Salz | Pfeffer | 1 TL süßer Senf | Kräuteressig | Olivenöl | frischer Schnittlauch

Zubereitung
Die Kartoffeln kochen, schälen und blättrig schneiden, mit Kräuterdressing gut durchmengen und etwas stehen lassen; eventuell nachwürzen. Mit feingeschnittenem Schnittlauch bestreuen.

Dip

Zutaten
1 Becher Joghurt 1% | 1 Becher Sauerrahm | Salz | Pfeffer | Kräuter (Dille, Schnittlauch) | 2 Zehen Knoblauch
In einer Schüssel vermengen und zu den Hühnerflügeln servieren.

Vollkorngebäck dazu reichen

Zwetschkenkompott

Zutaten (10 Personen)
1000 g Zwetschken | ½ l Wasser | Vollwertzucker | Zimtstange

Zutaten (4 Personen)
400 g Zwetschken | ¼ l Wasser Vollwertzucker | Zimtstange

Zubereitung
Frische (oder gefrorene) Zwetschken halbieren, entkernen, im Wasser mit einer Zimtstange und Zucker ca. 10 Minuten kochen. Kühl stellen.

Schwarzer Ribiselsaft

Sternderlsuppe

Zutaten (10 Personen)
250 g Suppenteigware „Sternchen"

Zutaten (4 Personen)
100 g Suppenteigware „Sternchen"

Zubereitung
Die Sternchen in einem Topf mit Salzwasser kochen bis sie weich sind, abseihen und in Suppenschüsseln verteilen. Mit heißer, fertiger Rindsuppe (Rezept siehe Seite 22) übergießen.

Spinatauflauf

Zutaten (Fülle - 10 Personen)
1500 g Blattspinat | 80 g Butter | 60 g Weizenvollkornmehl | 1 Zwiebel | 3 Zehen Knoblauch | ¼ Liter klare Gemüsesuppe | Pfeffer | Salz | Muskat

Zutaten (Omelettenteig - 10 Personen)
1 l Milch (für ca. 20 Palatschinken) | 4 Eier | Salz | Mehl nach Bedarf | 1 Becher Obers zum Übergießen

Zutaten (Fülle - 4 Personen)
600 g Blattspinat | 40 g Butter | 30 g Weizenvollkornmehl | 1 kleine Zwiebel | 1 Zehe Knoblauch | 125 ml klare Gemüsesuppe | Pfeffer | Salz | Muskat

Zutaten (Omelettenteig - 4 Personen)
½ Liter Milch (ca.10 Palatschinken) | 2 Eier | Salz | Mehl nach Bedarf | ½ Becher Obers zum Übergießen

Zubereitung
Zuerst Omelettenteig bereiten und dünne Omeletten backen. Den gewaschenen, feinstreifig geschnittenen Spinat mit den gerösteten Zwiebeln und allen anderen Zutaten vermischen und würzen. Die Omeletten mit der Spinatmasse füllen und zusammenrollen. In einer mit Butter bestrichenen Auflaufform nebeneinander legen.
Obers mit Salz und Kräutern würzen und über die Omeletten gießen. Das Ganze bei 180° C etwa 30 Minuten backen. Mit verschiedenen frischen Kräutern bestreuen.

Bunter Salatteller

Zutaten (10 Personen)

500 g grüne Salate z. B. Endiviensalat, Vogerlsalat | 200 g Kartoffeln (speckig) | 2 Karotten | 1 gelber Paprika | Apfelessig | Salz | Prise Zucker | Rapsöl | 1 Becher Kresse

Zutaten (4 Personen)

200 g grüne Salate z. B. Endiviensalat, Vogerlsalat | 80 g Kartoffeln (speckig) | 1 Karotte | ½ gelber Paprika | Apfelessig | Salz | Prise Zucker | Rapsöl | ½ Becher Kresse

Zubereitung

Salate waschen, klein schneiden, Kartoffeln kochen, schälen und dünnblättrig schneiden, die Karotten und den Paprika grob raspeln. Mit Essig, Salz, Zucker und Rapsöl vermengen und mit Kresse bestreuen.

Schwarztee mit Zitrone

Bauerneintopf mit Gebäck Joghurt-Mohnschnitten Himbeersaft

Bauerneintopf

Zutaten (10 Personen)
1000 g Faschiertes | 10 speckige Kartoffeln | 1 roter, 1 grüner Paprika | 400 g Champignons | 100 g Speckwürfel | 2 Zwiebeln | 4 Knoblauchzehen | Salz | Majoran | Suppenwürfel (pflanzlich) | Paprika | Schnittlauch | Petersilie

Zutaten (4 Personen)
400 g Faschiertes | 4 kleine, speckige Kartoffeln | ½ roter, ½ grüner Paprika | 100 g Champignons | 40 g Speckwürfel | 1 Zwiebel | 2 Knoblauchzehen | Salz | Majoran | Suppenwürfel (pflanzlich) | Paprika | Schnittlauch | Petersilie

Zubereitung
In etwas Öl die geschälten, geschnittenen Zwiebeln und Knoblauch anschwitzen lassen. Faschiertes dazu geben und ebenfalls anbraten, mit den Gewürzen pikant abschmecken. Die gekochten, geschälten Erdäpfeln blättrig schneiden und in einer zweiten (großen) Pfanne rösten. Paprika in Streifen schneiden, die Champignons vierteln, zu den Erdäpfeln geben und mitrösten. Jetzt das Faschierte dazu geben und alles gemeinsam noch einmal für 10 Minuten braten. Abschmecken und mit Kräutern bestreuen.

Joghurt-Mohnschnitten

Zutaten (24 Stück)
2 Becher Joghurt | 2 Becher Zucker | 2 Becher Mehl (½ Dinkel, ½ Weizenmehl) | 2 Becher gemahlenen Mohn | 1 Becher Rapsöl | 4 Eier | 1 Vanillezucker | 1 Backpulver

Zutaten (Glasur)
200 g Staubzucker

Zubereitung
Eier mit dem Zucker schaumig rühren, Öl langsam einrühren und die restlichen Zutaten unterheben. Die Masse auf ein mit Backpapier belegtes Blech streichen und bei 180° C ca. 30 Minuten backen. Für die Glasur den Staubzucker mit ein wenig Zitronensaft glatt rühren, die Masse soll dickflüssig sein. Noch warm mit der Glasur bestreichen. Bei Schulblechen 1½-fache Masse verwenden.

Himbeersaft

Butternockerlsuppe

Zutaten (10 Personen)
50 g Butter | 2 Dotter | Schnee von 2 Eiklar | 100 g Vollkornmehl | |Salz | Muskat

Zutaten (4 Personen)
20 g Butter | 1 Dotter | Schnee von 1 Eiklar | 40 g Vollkornmehl | Salz | Muskat

Zubereitung
Rindsuppe siehe Rezept auf Seite 22.
Butter schaumig rühren, Dotter nach und nach darunter geben, Salz, Muskat und das Mehl unterrühren. Den steifen Schnee von den Eiklar darunter heben. Die Nockerl mit einem Kaffeelöffel abstechen und in die Suppe einkochen, leicht ziehen lassen. Mit Schnittlauch bestreuen.

Polenta Pizza

Zutaten (10 Personen)
2 Tassen Maisgrieß | 300 g Tomatensauce (Pomito) | 1 Zucchini | 1 kleine Dose Maiskörner | ½ roter Paprika | 2 Tomaten | nach Wunsch Champignons | 100 g Brokkoliröschen | 250 g Mozzarella (in Scheiben geschnitten) | 100 g geriebener Pizzakäse | Salz | Oregano oder Pizzagewürz

Zutaten (4 Personen)
1 Tasse Maisgrieß | 120 g Tomatensauce (Pomito) | ½ Zucchini | ½ Dose Maiskörner | ¼ roter Paprika | 1 Tomate | nach Wunsch Champignons | 40 g Brokkoliröschen | 60 g Mozzarella (in Scheiben schneiden) | 40 g geriebener Pizzakäse | Salz | Oregano oder Pizzagewürz

Zubereitung
Maisgrieß in doppelter Menge Salzwasser kochen (laut Packungsanleitung garen). Die fertige Polentamasse auf das mit Olivenöl bepinselte Blech (oder viereckige Pfanne) geben und auskühlen lassen. Die Tomatensauce (Pomito) mit Salz, Oregano, etwas Knoblauch und Suppenwürze würzen. Dann die Oberfläche der Maismasse mit Tomatensauce bedecken. Mit dem gewaschenen, geschnittenen Gemüse, mit Mais, Zucchini, Paprika, Tomaten, Brokkoli, Champignons belegen bzw bestreuen. Den in ½ cm Scheiben geschnittenen Mozzarella darauf verteilen. Zuletzt mit Pizzakäse und Gewürze und Kräuter bestreuen.
Die Pizza im Rohr bei 175° C ca. 20 Minuten backen.

Fisolensalat

Zutaten (10 Personen)
1000 g Fisolen | 4 Tomaten | 1 Zwiebel | 1 Zitrone | etwas Olivenöl | Salz

Zutaten (4 Personen)
400 g Fisolen | 2 Tomaten | ½ Zwiebel | ½ Zitrone | etwas Olivenöl | Salz

Zubereitung
Die Fisolen nach dem Putzen in Salzwasser weichkochen, kalt abschrecken (behält dann die Farbe), in kleine Stücke schneiden, mit klein geschnittenen Zwiebeln, würfelig geschnittenen Tomaten, Salz, Zitronensaft und Öl gut vermengen.

Obstsaft, frisch gepresst

Gebackenes Hühnerfilet mit Risipisi · Kartoffel-Gurkensalat · Bayerische Creme · Saft

Gebackenes Hühnerfilet

Zutaten (10 Personen)
2000 g Hühnerfilet | Salz | Pfeffer | 2 Eier | Mehl und Brösel zum Panieren

Zutaten (4 Personen)
800 g Hühnerfilet | Salz | Pfeffer | 1 Ei | Mehl und Brösel zum Panieren

Zubereitung
Die Filets in kleine Schnitzel schneiden, salzen und pfeffern. In Mehl wälzen, durch das verquirlte Ei ziehen und mit Semmelbröseln panieren. In Rapsöl herausbacken.

Risipisi

Zutaten (10 Personen)
800 g Reis (½ Dinkel, ½ Langkorn) | doppelt so viel Wasser | 200 g Erbsen und Karotten | Salz | Kräuter | etwas Butter

Zutaten (4 Personen)
320 g Reis (½ Dinkel, ½ Langkorn) | doppelt so viel Wasser | 100 g Erbsen und Karotten | Salz | Kräuter | etwas Butter

Zubereitung
Den Reis mit Wasser und Salz in ca. 40 Minuten weich kochen. Das Gemüse weich dünsten und in Butter schwenken. Mit dem Reis vermischen und fertig würzen.

Kartoffel-Gurkensalat

Zutaten (10 Personen)
1000 g Salaterdäpfeln | 1 Salatgurke | 1 Karotte | Apfelessig | Rapsöl | Salz | Pfeffer | Prise Zucker | Dille

Zutaten (4 Personen)
400 g Salaterdäpfeln | ½ Salatgurke | ½ Karotte | Apfelessig | Rapsöl | Salz | Pfeffer | Prise

Zubereitung

Die Erdäpfeln kochen, schälen und in Scheiben schneiden. Die Gurke waschen, mit Schale nach Belieben hobeln oder schneiden und die Karotte raspeln. Mit Salz, Pfeffer, Apfelessig, etwas Wasser, Rapsöl und geschnittener Dille vermengen und kurz stehen lassen; nachwürzen.

Bayerische Creme

Zutaten (10 Personen)

½ Liter Milch | etwas Vollwertzucker | 5 Dotter | ½ Liter Schlagobers | 4 Blatt Gelatine | Schale von 1 Orange

Zutaten (4 Personen)

¼ Liter Milch | etwas Vollwertzucker | 3 Dotter | ¼ Liter Schlagobers | 2 Blatt Gelatine | Schale von ½ Orange

Zubereitung

Gelatine in Wasser einweichen und ausdrücken. 2 bis 3 EL Milch erwärmen und die Gelatine darin auflösen, mit dem Schneebesen umrühren. Milch aufkochen, etwas überkühlen lassen. Dotter, Zucker und Gelatine einrühren. Schüssel in kaltes Wasser stellen. Schlagobers steif schlagen und unterheben. Orangenzeste (Schale mit Reibeisen reiben) dazu geben Etwa 1 Stunde kühl stellen.

In Schüsseln anrichten.

Saft nach Wahl

Bärlauchsuppe · Nudelpfanne mit Erbsen · Grüner Salatmix · Johannisbeersaft

Bärlauchsuppe

Zutaten (10 Personen)
250 g Bärlauch | 2 l klare Gemüsesuppe | ½ Becher Obers | ½ Becher Sauerrahm | Salz | Pfeffer | Suppenwürfel (pflanzlich) | Rapsöl

Zutaten (4 Personen)
100 g Bärlauch | 1 Liter klare Gemüsesuppe | ¼ Becher Obers | 2 Löffel Sauerrahm | Salz | Pfeffer | Suppenwürfel (pflanzlich) | Rapsöl

Zubereitung
Bärlauch waschen, blanchieren (in kochendes Wasser geben), abseihen, kalt abschrecken, klein schneiden und in Öl anrösten. Mit Suppe aufgießen, leicht kochen, pürieren und mit Salz, Pfeffer, Suppenwürfel und Obers verfeinern. Wenn es nötig ist, mit Mehlgmachtl (Einmach) leicht eindicken.

Nudelpfanne mit Erbsen

Zutaten (10 Personen)
800 g bunte Spiralen | 2 Zwiebeln | 750 g Tomatenwürfeln (aus der Dose) | 200 g Erbsen | 200 g Champignons | Salz | Pfeffer | Oregano | Rapsöl

Zutaten (4 Personen)
320 g bunte Spiralen | 1 Zwiebel | 300 g Tomatenwürfeln (aus der Dose) | 80 g Erbsen | 80 g Champignons | Salz | Pfeffer | Oregano | Rapsöl

Zubereitung
Die Nudeln in Salzwasser weich kochen, abseihen und in Rapsöl schwenken. Zwiebeln schälen, klein schneiden, in Rapsöl anrösten. Die Champignons blättrig schneiden, ebenfalls mitrösten, Tomatenwürfeln und Erbsen unterrühren. Würzen und kurz ziehen lassen.
Mit Kräutern bestreuen.

Grüner Salatmix

Johannisbeersaft

Hendl-Einmachsuppe · Reis-Zwetschkenknödel mit Zimtbrösel · Heiße Schokolade

Hendl-Einmachsuppe

Zutaten (10 Personen)
500 g Hendlfleisch (Suppenhuhn) | 2 Liter Wasser | 2 Karotten | ½ Sellerie | 1 Zwiebel | Salz
Pfeffer | Suppenwürfel (pflanzlich) | Muskat | ½ Becher Sauerrahm | Rapsöl |
70 g Vollkornmehl | Petersilie | geröstete Semmelwürfel von 2 Semmeln

Zutaten (4 Personen)
200 g Hendlfleisch (Suppenhuhn) | 1 Liter Wasser | 1 Karotte | 1 Stk. Sellerie |
1 Zwiebel | Salz | Pfeffer | Suppenwürfel (pflanzlich) | Muskat | 2 EL Sauerrahm | Rapsöl |
1 EL Vollkornmehl | Petersilie | geröstete Semmelwürfel (von 1 Semmel)

Zubereitung
Das geputzte Gemüse klein schneiden, mit dem Hühnerfleisch ca. 40 Minuten kochen. Gemüse und Fleisch aus der Suppe geben, in kleine Würfeln schneiden. In einem Topf aus Öl und Mehl eine helle Einbrenn machen, mit Suppe (abgeseiht) aufgießen, aufkochen und mit Sauerrahm verfeinern; das Fleisch und das Gemüse dazu geben. Fertig abschmecken. Geröstete Semmelwürfel in die Suppe geben, wenn sie angerichtet ist.
Mit Petersilie bestreuen.

Reis-Zwetschkenknödel mit Zimtbrösel

Zutaten (10 Personen)
600 g Rundkornreis | 1 l Magermilch | 200 g Vollwertzucker |
abgeriebene Zitronenschale | Salz | 200 g Weizenvollkornmehl | 4 Eier (trennen) |
20 frische Zwetschken (oder gefrorene) | 100 g Butter | 100 g Semmelbrösel | 4 TL Zimt

Zutaten (4 Personen)
240 g Rundkornreis | 0,4 l Magermilch | 80 g Vollwertzucker |
abgeriebene Zitronenschale | Salz | 80 g Weizenvollmehl | 2 Eier (trennen) |
8 frische Zwetschken (oder gefrorene) | 50 g Butter | 50 g Semmelbrösel | 2 TL Zimt

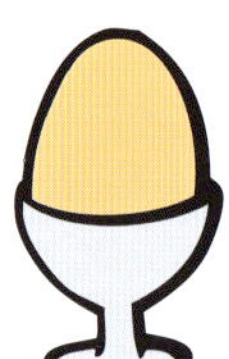

Zubereitung

Reis mit Milch, Zucker, Zitronenschale und Salz aufkochen. Zugedeckt bei kleiner Hitze 30 Minuten garen, bis die Körner weich sind und die Flüssigkeit aufgesogen ist. Häufig umrühren. Abkühlen lassen, dann mit Dottern und Mehl vermischen, zuletzt die steif geschlagenen Eiklar darunter heben, ca. 10 Minuten ziehen lassen. Zwetschken waschen. Mit nassen Händen Knödel formen und mit je 1 Zwetschke füllen. Salzwasser aufkochen, Knödel einlegen, den Herd zurück schalten. Knapp unter dem Siedepunkt ca. 20 Minuten ziehen lassen. Butter zerlassen, Brösel kurz darin rösten, Zimt und Zucker dazu geben und die gekochten Knödel darin wälzen.

Heiße Schokolade

Frittatensuppe · Falsches Cordon bleu · Petersilienkartoffeln · Rote-Rübensalat · Eistee

Frittatensuppe

Rindsuppe, Rezept siehe Seite 22
Frittaten, Rezept siehe Seite 22

Falsches Cordon bleu

Zutaten (10 Personen)

20 dünne Schnitten Leberkäse | 10 Scheiben Edamer | 10 Scheiben Schinken | etwas Vollkornmehl | Brösel | 2 Eier mit etwas Milch verquirlt | Rapsöl

Zutaten (4 Personen)

8 dünne Scheiben Leberkäse | 4 Scheiben Edamer | 4 Scheiben Schinken | etwas Vollkornmehl | Brösel | 1 Ei mit etwas Milch verquirlt | Rapsöl

Zubereitung

1 Scheibe Edamer und 1 Scheibe Schinken zwischen 2 Leberkäsescheiben geben und panieren; zuerst in Mehl wenden, dann durch die Eiermilch ziehen, zuletzt den Leberkäse in die Brösel geben, und leicht andrücken, dann in einer Pfanne auf beiden Seiten in Rapsöl herausbacken.

Petersilien-Kartoffeln

Zutaten (10 Personen)

2000 g speckige Kartoffeln | 100 g Butter | Salz | Petersilie

Zutaten (4 Personen)

800 g speckige Kartoffeln | 40 g Butter | Salz | Petersilie

Zubereitung

Die Kartoffeln kochen, schälen und ca. ½ Stunde im Rohr dämpfen. Dann in Butter schwenken, salzen und mit Petersilie bestreuen.

Rote-Rübensalat

Zutaten (10 Personen)

1500 g Rote Rüben | etwas Kren (nur bei Erwachsenen) | Salz | Prise Zucker | Kümmel gemahlen | Apfelessig | Rapsöl

Zutaten (4 Personen)

600 g Rüben | etwas Kren (nur bei Erwachsenen) | Salz | Prise Zucker | Kümmel gemahlen | Apfelessig | Rapsöl

Zubereitung

Rüben in Wasser kochen, die Zeit richtet sich nach der Größe der Rüben. Wenn man mit einer Gabel leicht durchstechen kann, sind sie fertig gekocht; dann abkühlen lassen. Schälen, raspeln und mit Essig, Öl, Salz, Zucker und gemahlenem Kümmel vermengen.

Eistee

Am Vortag Früchtetee zubereiten, in den Kühlschrank geben. Frisch gepressten Orangen- und Zitronensaft darunter rühren, mit Honig süßen.

Tipp:

Petersilie ist reich an wertvollen Wirkstoffen. Ein Esslöffel Petersilie deckt den Tagesbedarf eines Erwachsenen am Spurenelement Mangan. Außerdem enthält ein Bund Petersilie mehr Vitamin C als ein halbes Kilo Orangen.

Gefüllter Erdäpfelstrudel mit Schnittlauchsauce · Gemischter Salat · Marmeladekipferl · Apfelsaft

Gefüllter Erdäpfelstrudel

Zutaten (4 Strudel = 10 Personen)
2000 g mehlige Erdäpfeln | 400 g griffiges Mehl | 100 g Vollkornmehl | 4 EL Grieß | 120 g Butter | 2 Eier | Salz | Muskat | Kräuter

Zutaten (2 Strudel = 4 Personen)
800 g mehlige Erdäpfeln | 160 g griffiges Mehl | 40 g Vollkornmehl | 1,5 EL Grieß | 50 g Butter | 1 Ei | Salz | Muskat | Kräuter

Zubereitung
Die gekochten Erdäpfeln heiß schälen, pressen, etwas auskühlen lassen. Mit den übrigen Zutaten vermengen, kurz rasten lassen – Fülle vorbereiten.

Fülle

Zutaten (4 Strudel = 10 Personen)
2 Eier | 1000 g Faschiertes (gemischt) | 60 g Butter | 3 Zwiebeln | 1 große Karotte | Dille | Petersilie | etwas Knoblauch | Salz | Pfeffer | Majoran

Zutaten (2 Strudel = 4 Personen)
1 Ei | 400 g Faschiertes (gemischt) | 30 g Butter | 1 Zwiebel | 1 kleine Karotte | Dille | Petersilie | etwas Knoblauch | Salz | Pfeffer | Majoran

Zubereitung
Kleinwürfelig geschnittene Zwiebeln in Butter anrösten, das Faschierte mitrösten, die geraspelte Karotte mit den Gewürzen dazu mengen. Wenn die Masse etwas abgekühlt ist, mit Ei binden. Den Erdäpfelteig viereckig ausrollen und die Fülle in der Mitte einfüllen. Zusammenschlagen – mit Ei bestreichen und bei 180° C ca. 30 bis 40 Minuten im Rohr backen.

Schnittlauchsauce

Zutaten (10 Personen)
¼ Liter Magermilch | 125 ml Schlagobers | 125 ml Sauerrahm | etwas Mehl und Butter | Salz | Pfeffer | 2 Zehen Knoblauch | Suppenwürfel (pflanzlich) | frischer Schnittlauch

Zutaten (4 Personen)
125 ml Magermilch | 3 EL Schlagobers | 2 EL Sauerrahm | etwas Mehl und Butter | Salz | Pfeffer | 1 Zehe Knoblauch | Suppenwürfel (pflanzlich) | frischer Schnittlauch

Zubereitung
Etwas Mehl in Butter anschwitzen, mit der Milch-Sauerrahm-Obersmischung (gut verquirlen) aufgießen, würzen und ständig rühren, bis die Sauce die gewünschte Konsistenz erreicht hat. Mit Schnittlauch bestreuen.

Gemischter Salat nach Saison

Marmeladekipferl

Zutaten (Teig = 40 Kipferl)
250 g Mehl (½ Dinkelmehl) | 250 g Butter | 250 g Topfen | Prise Salz | 1 Kaffeelöffel Backpulver | 200 g Marillenmarmelade | 1 Eiklar zum Bestreichen

Zubereitung
Alle Zutaten vermengen und ca. ½ Stunde rasten lassen. Den Teig ausrollen, kleine Vierecke ausradeln und in die Mitte etwas Marmelade geben. Die Ränder mit Eiweiß bestreichen und zu Dreiecken zusammenklappen; auf das mit Backpapier belegte Blech geben und bei 180° C ca. 15 Minuten backen

Apfelsaft

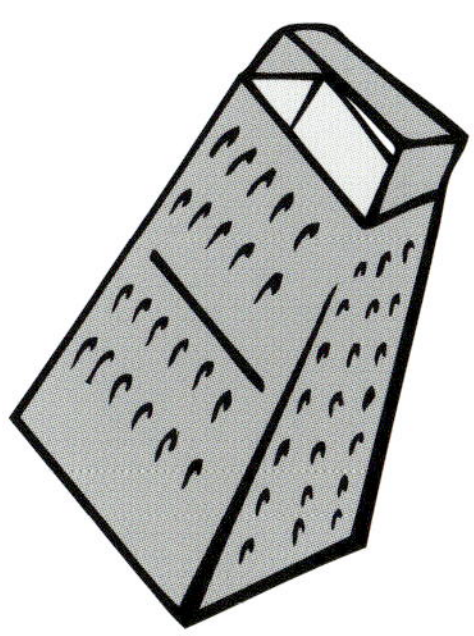

Karotten-Orangensuppe · Gemüsestrudel mit Kräutersauce · Blattsalate der Saison · Dreifruchtsaft

Karotten-Orangensuppe

Zutaten (10 Personen)
1000 g Karotten | 1 Stangensellerie | 2 Zwiebeln | 2 EL Rapsöl | 800 ml Gemüsesuppe (Würfel) | 1 große Orange (Saft) | Salz | Pfeffer | Muskat

Zutaten (4 Personen)
400 g Karotten | ½ Stangensellerie | 1 Zwiebel | 1 EL Rapsöl | 400 ml Gemüsesuppe (Würfel) | ½ Orange | Salz | Pfeffer | Muskat

Eventuell für Garnierung:
Geröstete Mandelplättchen, etwas Schlagobers, Orangenfilets

Zubereitung
Das geputzte, grobwürfelig geschnittene Gemüse in Öl anrösten, mit der Suppe aufgießen und würzen. Ca. 20 Minuten kochen. Die Suppe pürieren, den Orangensaft dazu leeren, fertig abschmecken.

Gemüsestrudel

Zutaten (4 Strudel = 10 Personen)
4 fertige Blätterteigrollen | 250 g Magertopfen | 250 g Paprikaschoten | 5 Tomaten | 2 Karotten | 150 g Melanzani | 150 g Zucchini | 1 Zwiebel | Salz | Pfeffer | Knoblauch | Oregano | 300 g Dinkelreis (mit doppelt so viel Wasser weich kochen)

Zutaten (2 Strudel = 4 Personen)
2 fertige Blätterteigrollen | 100 g Magertopfen | 100 g Paprikaschoten | 2 Tomaten | 2 Karotten | 50 g Melanzani | 50 g Zucchini | 1 Zwiebel | Salz | Pfeffer | Knoblauch | Oregano | 150 g Dinkelreis (mit doppelt so viel Wasser weich kochen)

Zubereitung
Eine Strudelfülle soll ca. 400 g haben. Das Gemüse klein schneiden, in Öl anrösten. Den Topfen, den gekochten Reis und das überkühlte Gemüse in einer Schüssel vermengen, abschmecken. Die Masse in den Strudelteig geben und einrollen. Ca. 30 Minuten backen bei 180° C. Dazu passt ein Dip nach dem Rezept auf Seite 166.

Blattsalate der Saison (zum Beispiel)

Zutaten (10 Personen)
1000 g Salate z. B. (Eisbergsalat, Ruccola, Kopfsalat) | 10 Radieschen

Zutaten (4 Personen)
400 g Salate z. B. (Eisberg, Ruccola, Kopfsalat) | 4 Radieschen

Rahmdressing

Zutaten
½ Becher Sauerrahm | Apfelessig | Salz | Pfeffer | Zucker | Öl | etwas Knoblauch

Mit dem Mixstab schaumig rühren und mit frischen Kräutern vermengen.

Dreifruchtsaft (Verdünnungssaft)

Tipp:
Ein Menü sollte immer bunt sein, das Ampelprinzip ist empfehlenswert. Jede Hauptmahlzeit sollte rote, gelbe und grüne Lebensmittel enthalten.

Käsknödel mit Gulaschsaft · Grüner Salatmix · Apfel-Mandelschnitten · Orangensaft

Käsknödel

Zutaten (10 Personen)
1000 g Knödelbrot | 2 Zwiebeln | Salz | Kräuter | 400 ml Milch | 500 g Edamer | 9 Eier | Rapsöl

Zutaten (4 Personen)
400 g Knödelbrot | 1 Zwiebel | Salz | Kräuter | 160 ml Milch | 200 g Edamer (oder Pinzgauer Bierkäs) | 4 Eier | Rapsöl

Zubereitung
Die Zwiebeln schälen, schneiden, leicht in Öl anrösten. Alle Zutaten, das Knödelbrot, die Eier, den in Würfel geschnittenen Käse, die erwärmte Milch und die Gewürze miteinander vermengen und etwas rasten lassen. Knödel formen und in Öl schwimmend herausbacken. Wenn sie fertig gebacken sind, auf einer Küchenrolle abtropfen lassen. Die Knödel in eine klare Gemüsesuppe geben und zugedeckt etwas ziehen lassen. Man gibt sie aus der Suppe heraus und richtet sie mit Gulaschsaft an. (Wenn man Gulasch kocht, immer viel Saft machen, portionieren und einfrieren, bei Bedarf zu Tiroler- oder Käsknödel reichen.)

Salatmix nach Saison

Apfel-Mandelschnitten

Zutaten (24 Stück)
¼ l Schlagobers | 500 g Joghurt | 80 g Staubzucker | 1 Pkg. Vanillezucker | 5 Blatt Gelatine | 1 bis 2 EL Rum | 700 g Äpfel | Saft einer Zitrone | 1 Pkg. Biskotten | Mandelblättchen

Zubereitung
Obers steif schlagen, Joghurt mit Staubzucker und Vanillezucker mischen. Obers vorsichtig unter die Joghurtmasse heben, Gelatine in kaltem Wasser einweichen, gut ausdrücken. Den Rum in einem Reindl erhitzen, die Gelatine darin auflösen und abgekühlt der Joghurtmasse beimengen. Die Äpfel schälen, grob reiben, mit Zitronensaft beträufeln und zur Masse geben.
Etwas Masse in eine Kastenform füllen, 1 Schicht Biskotten darüber legen; je 1 Schicht Masse, 1 Schicht Biskotten, 1 Schicht Masse auftragen. Mandelblättchen darüber streuen. Die Schnitten über Nacht in den Kühlschrank stellen und erst danach portionieren.

Orangensaft mit Wasser verdünnen

Wurstschüssel, gefüllt mit Gemüse ✿ Kartoffelpüree ✿ Beerencreme ✿ Saft

Wurstschüssel, gefüllt mit Gemüse

Zutaten (10 Personen)
20 Stück etwa 1 cm dicke Extrawurst-Radeln | Rapsöl | 1500 g Mischgemüse (Erbsen, Karotten, Kohlrabi, tiefgefroren) | Salz | Pfeffer

Zutaten (4 Personen)
8 Stück 1 cm dicke Extrawurst-Radeln | Rapsöl | 600 g Mischgemüse (tiefgefroren) | Salz | Pfeffer

Zubereitung
Extrawurst enthäuten und in Öl auf einer Seite braten; es bilden sich Schüssel. Das Mischgemüse in einem Topf mit etwas Öl leicht dünsten, bis es weich ist, mit Salz, Pfeffer würzen und die Wurst damit füllen

Kartoffelpüree

Zutaten (10 Personen)
2000 g mehlige Kartoffeln | etwas warme Milch | 100 g Butter | Salz | Muskat

Zutaten (4 Personen)
800 g mehlige Kartoffeln | etwas warme Milch | 50 g Butter | Salz | Muskat

Zubereitung
Die Kartoffeln ca. 40 Minuten kochen oder dämpfen, schälen und passieren. Mit Milch, zerlassener Butter, Salz und Muskat zu einer cremigen Masse verrühren.

Beerencreme

Zutaten (10 Personen)
Zutaten (ca. 10 Personen)
200 g Erdbeeren | 100 g Himbeeren | 100 g Heidelbeeren | 100 g Honig | 1 Vanillezucker | ¼ l Schlagobers | einige Beeren und Zitronenmelisse zum Garnieren

Zutaten (4 Personen)
100 g Erbeeren | 50 g Himbeeren | 50 g Heidelbeeren | etwas Honig | 1 Vanillezucker | 125 ml Schlagobers | einige Beeren und Zitronenmelisse zum Garnieren

Zubereitung

Beeren waschen, nach Bedarf zerkleinern. Steif geschlagenes Obers unter die Beeren heben; mit Honig und Vanille süßen. Bis zum Servieren kaltstellen, in Schüsseln aufteilen und garnieren.

Saft nach Wunsch

Kalbseinmachsuppe · Topfenknödel Gerti mit Zimt-Nussbrösel auf Erdbeermus · Milch

Kalbseinmachsuppe

Zutaten (10 Personen)
400 g Kalbsknochen | 2 Karotten | 1 Petersilienwurzel | ½ Sellerie | 1 Zwiebel | Salz | Muskat | etwas Suppenwürze (pflanzlich) | 2 l Wasser | ½ Becher Obers | 70 g Butter | 70 g Vollkornmehl

Zutaten (4 Personen)
200 g Kalbsknochen | 1 Karotte | 1 kleine Petersilienwurzel | etwas Sellerie | 1 Zwiebel | Salz | Muskat | etwas Suppenwürze (pflanzlich) | 1 l Wasser | etwas Obers | 30 g Butter | 30 g Vollkornmehl

Zubereitung
Knochen und das geputzte Gemüse mit den Gewürzen ca. ½ Stunde kochen. Die Suppe abseihen, die Knochen ablösen und das Gemüse und das Fleisch würfelig schneiden. Suppe mit einer leichten Einbrenne (etwas Butter erhitzen, etwas Mehl dazu, mit Suppe aufgießen und fest versprudeln) versehen. Mit Gemüse und Fleisch kurz aufkochen lassen.
Abschmecken und mit Obers verfeinern.

Topfenknödel Gerti

Zutaten (10 Personen)
200 g Butter | 6 Dotter | 2 Eier | 1 Vanillezucker | Salz | 1000 g Magertopfen | 300 g griffiges Mehl | 150 g Butter | 100 g Brösel | 50 g gemahlene Nüsse | Prise Zimt

Zutaten (4 Personen)
100 g Butter | 3 Dotter | 1 Ei | 1 Vanillezucker | Salz | 400 g Magertopfen | 120 g griffiges Mehl | 100 g Butter | 100 g Brösel | 1 EL gemahlene Nüsse | Prise Zimt

Zubereitung
Einen Abtrieb von Butter, Dotter, Ei und Salz herstellen, die weiteren Zutaten einrühren. Die Masse eine halbe Stunde rasten lassen. Mit einem Eisportionierer Knödeln formen, ca. 10 Minuten in Salzwasser kochen. Die fertigen Knödeln in gerösteten Butter-Nussbröseln wälzen.

Erdbeermus

Zutaten (10 Personen)
1000 g frische Erdbeeren (oder gefrorene, zuerst kurz dämpfen)

Zutaten (4 Personen)
400 g frische Erdbeeren (oder gefrorene, zuerst kurz dämpfen)

Zubereitung
Die Erdbeeren mit Zucker pürieren.

Milch

Tipp:
Ob Nockerl oder Knödel, dieses Rezept ist auch beim Aufwärmen am nächsten Tag noch locker und flaumig.

Gefüllte Zucchini auf Tomatensauce mit Reis Muffins schwarz-weiß Vitamindrink

Gefüllte Zucchini

Zutaten (10 Personen)
10 Zucchini (kleine) | 2 Zwiebeln | 300 g Sojagranulat | 2 Eier | 250 g Magertopfen | Pfeffer | Muskat | Salz | Knoblauch | Petersilie | 200 g Joghurtkäse (grob gerieben)

Zutaten (4 Personen)
4 Zucchini | 1 Zwiebel | 120 g Sojagranulat | 1 Ei | 100 g Magertopfen | Pfeffer | Muskat | Salz | Knoblauch | Petersilie | 80 g Joghurtkäse (grob gerieben)

Zubereitung
Das Sojagranulat in Salzwasser 3 bis 4 Minuten kochen, abseihen und gut ausdrücken. Die Zucchini waschen und halbieren, mit einem kleinen Löfferl aushöhlen, die Zucchinireste klein schneiden. Klein geschnitte Zwiebeln goldbraun rösten, Zucchinireste mitrösten, Sojagranulat dazu geben, würzen, alles nochmals braten, dann in eine Schüssel leeren und abkühlen lassen. Mit Ei und Topfen binden, Gewürze und Kräuter untermengen. Die Masse in die ausgehöhlten Zucchini füllen, in eine viereckige Pfanne schlichten, mit Tomatensauce auffüllen, Käse darüber streuen und im Rohr backen. Ca. 30 bis 40 Minuten bei ca. 175° C.

Tomatensauce

Zutaten (10 Personen)
1000 g Tomaten (würfelig schneiden) | 1 Zwiebel | 1 TL Zucker | 2 EL Tomatenmark | Olivenöl | Salz | Oregano | 2 Zehen Knoblauch | oder 3 Packete Pomito (passierte Tomaten) wärmen und mit den denselben Gewürzen würzen.

Zutaten (4 Personen)
400 g Tomaten (würfelig schneiden) | 1 Zwiebel | 1 TL Zucker | 1 EL Tomatenmark | Olivenöl | Salz | Oregano | 1 Knoblauchzehe | oder 1 Packete Pomito (passierte Tomaten) wärmen und mit denselben Gewürzen würzen.

Zubereitung
Die geschälten Zwiebeln (gehackt) in Olivenöl anschwitzen, die Tomatenwürfel dazu geben, würzen, Tomatenmark dazu geben, leicht köcheln lassen, das Ganze pürieren, wenn nötig etwas eindicken. Fertig abschmecken.

Muffins

Zutaten (20 Stück)

250 g Butter | 200 g Vollwertzucker | 4 Eier | 1 Vanillezucker | 1 Backpulver | 250 g glattes Mehl | 250 g Vollkornmehl | 4 EL Kakao | 4 EL Milch

Zubereitung

Die Butter schaumig rühren, Zucker und Eier nach und nach unterrühren, Mehl drunter geben, ca. 1/3 von der Masse in eine andere Schüssel geben und Kakao und Milch darunter rühren. Die Masse mit Löffeln in Muffinformen geben. 1 großen Löffel hellen Teig und 1 kleinen Löffel dunklen Teig.

Bei 160° C etwa 20 Minuten backen.

Vitamindrink

Frisch gepresste Früchte, z. B. Äpfel, Orangen, Karotten.

Gemüsesuppe mit Bärlauchnockerln
Milchrahmstrudel auf Vanillesauce Heiße Schokolade

Gemüsesuppe

Rezept siehe Seite 20.

Bärlauchnockerln

Zutaten (10 Personen)
100 g Butter | 2 Eier | 60 g Edamer, gerieben | 1 Hand voll fein gehackter Bärlauch | 8 EL Semmelbrösel

Zutaten (4 Personen)
40 g Butter | 30 g Edamer, gerieben | etwas fein gehackter Bärlauch | 4 EL Semmelbrösel

Zubereitung
Butter schaumig rühren, Eier nach und nach unterrühren. Gewürze, Brösel und Bärlauch dazu geben, etwas rasten lassen. Mit einem Kaffeelöffel Nockerl formen und in die Suppe geben. Zugedeckt etwa 10 Minuten ziehen lassen. Mit Schnittlauch bestreuen.

Milchrahmstrudel

Zutaten (10 Personen)
3 Rollen Blätterteig | 250 g Butter | 250 g Vollwertzucker | Salz | Vanillemark | Schale von 1 Zitrone | 6 Dotter | 6 Eiklar | 100 g Sauerrahm | 100 g Semmel (in Milch eingeweicht und passiert) | bei Bedarf Rosinen

Zutaten (4 Personen)
1 Rolle Blätterteig | 100 g Butter | 100 g Vollwertzucker | Salz | Vanillemark | Schale von ½ Zitrone | 3 Dotter | 3 Eiklar | 40 g Sauerrahm | 40 g Semmel (in Milch eingeweichtund passiert) | bei Bedarf Rosinen

Zubereitung
Butter cremig rühren und die anderen Zutaten nach und nach unterrühren. Zuletzt den Schnee unterheben. Die Masse in den aufgerollten Blätterteig einfüllen (in der Mitte). Die seitlichen Teile darüber klappen und in eine Auflaufform schlichten.
Mit Eiermilch begießen.

Eiermilch

Zutaten (10 Personen)
1,5 l warme Milch | 3 Eier | 3 Dotter | 2 Pkg. Vanillezucker | 200 g Vollwertzucker

Zutaten (4 Personen)
0,6 l warme Milch | 1 Ei | 1 Dotter | 1 Vanillezucker | 80 g Vollwertzucker

Zubereitung
Alle Zutaten miteinander versprudeln und über den Strudel gießen; bei 170° C ca.½ Stunde backen.

Vanillesauce

Rezept siehe Seite 65.

Heiße Schokolade

Tipp:
Zu süßen Strudeln sind bei uns in der Schulküche Vanillesauce und Erdbeermus am beliebtesten.

Spagetti mit Hähnchensauce · Grüner Salatteller · Oma Herzers Apfelkuchen · Saft

Spagetti

Zutaten (10 Personen)
1000 g Spagetti

Zutaten (4 Personen)
400 g Spagetti

Zubereitung
Die Nudeln in kochendem Salzwasser bissfest (aldente) kochen, abseihen und in Olivenöl schwenken, salzen.

Hähnchensauce

Zutaten (10 Personen)
1500 g Hühnerbrustfilet | 1 große, Zwiebel | 3 Tomaten | Salz | Pfeffer | Oregano | Knoblauch | ½ Liter Suppe (Würfel) | ½ Becher Obers | ½ Becher Sauerrahm | frische Kräuter

Zutaten (4 Personen)
600 g Hühnerbrustfilet | 1 Zwiebel | 1 Tomate | Salz | Pfeffer | Oregano | Knoblauch | ¼ Liter Suppe (Würfel) | 250 ml Obers | 2 EL Sauerrahm | frische Kräuter

Zubereitung
Das Hühnerfleisch würfelig schneiden, in Olivenöl mit klein geschnittener Zwiebel anrösten, die würfelig geschnittenen Tomaten dazu geben. Salz, Pfeffer und Knoblauch dazu, mit der Suppe aufgießen, leicht köcheln lassen. Mit verquirltem Sauerrahm-Obersgemisch verfeinern, fertig abschmecken und mit Kräutern bestreuen.

Grünen Salatteller nach Saison zubereiten

Oma Herzers Apfelkuchen

Zutaten (24 Stück)
500 g Mehl (¼ kg Dinkel, ¼ kg Weizen) | 1 Backpulver | 1 Ei mit etwas Dosenmilch versprudeln | 250 g Butter | 1 EL Staubzucker | 1 Prise Salz |
Füllung: 1000 g Äpfel, grob geraspelt | Zimt | Vanillezucker

Zubereitung

Die Zutaten zu einem Teig vermengen, halbieren, 1 Teil auswalken und auf ein mit Backpapier ausgelegtes Blech legen, mit Apfelfülle (die geraspelten Äpfel mit Zimt und Zucker vermischt) belegen. Den 2. ausgewalkten Teigteil über die Apfelmasse legen. Bei 175° C ca. eine halbe Stunde backen. Mit Zucker bestreuen.

3-Fruchtsaft (Verdünnungssaft)

Ruccola Semmelknödel auf Rahmpilzen · Blattsalate · Fruchtsalat · Johannisbeersaft

Ruccola Semmelknödel auf Rahmpilzen

Zutaten (10 Personen)
20 Semmeln kleinwürfelig schneiden | ca. 800 ml Milch | 1 Bund Ruccola | 1 Stange Lauch | 100 g Butter | 6 Eier | Salz | Pfeffer | Muskat

Zutaten (4 Personen)
8 Semmeln | ca. 300 ml Milch | etwas Ruccola | ½ Stange Lauch | 40 g Butter | 3 Eier | Salz | Pfeffer | Muskat

Zubereitung
Lauch waschen und fein schneiden, in Butter etwas anrösten und über die Semmelwürfel geben. Die warme Milch, Eier, Gewürze und den klein geschnittenen Ruccola darunter mengen. Alles noch einmal gut vermischen. Knödel formen und in Salzwasser leicht kochen, bis sie oben schwimmen. (Bei größerer Personenanzahl ist es einfacher, wenn man die Semmelmasse in Rollen formt in Klarsichtfolien einwickelt und ca 15 Minuten ins kochende Wasser legt oder dämpft).

Sauce

Zutaten (10 Personen)
1500 g Champignons | 1 große Zwiebel | Salz | Pfeffer | Suppenwürfel (pflanzlich) | 2 Zehen Knoblauch | Dille | Schnittlauch | ½ Becher Obers | 1 Becher Sauerrahm | Rapsöl

Zutaten (4 Personen)
600 g Champignons | 1 Zwiebel | Salz | Pfeffer | Suppenwürfel (pflanzlich) | 1 Zehe Knoblauch | Dille | Schnittlauch | ½ Becher Obers | 2 EL Sauerrahm | Rapsöl

Zubereitung
Zwiebel schälen, klein schneiden, in Öl anrösten, die blättrig geschnittenen Champignons mitrösten, mit Obers Sauerrahmgemisch aufgießen, würzen und leicht köcheln lassen. Mit den Kräutern bestreuen.Wenn nötig, etwas eindicken mit Mehlgmachtl.

Blattsalate nach Belieben dazu geben

Fruchtsalat

Zutaten (10 Personen)
2 Bananen | 2 Äpfel | 2 Orangen | 2 Kiwi | Zitronensaft | Honig

Zutaten (4 Personen)
1 Banane | 1 Apfel | 1 Orange | 1 Kiwi | Zitronensaft | Honig

Zubereitung
Das Obst klein schneiden und mit Honig und Zitronensaft vermengen. Man kann auch noch etwas Orangensaft dazu geben, das schmeckt sehr fruchtig.

Johannsibeersaft (Verdünnungssaft)

Gemüsesuppe mit Nudeln · Gebackene Knackwurst mit kalter Schnittlauchsauce · Kartoffelsalat · Fruchtsaft

Gemüsesuppe mit Nudeln

Zutaten (10 Personen)
2 Liter klare Gemüsesuppe | 1 Zwiebel | 400 g Karotten und gelbe Rüben | 200 g Fisolen | 200 g Spiralen | Salz | Pfeffer | Suppenwürfel (pflanzlich) | Schnittlauch | Rapsöl

Zutaten (4 Personen)
¾ Liter klare Gemüsesuppe | 1 Zwiebel | 160 g Karotten und gelbe Rüben | 80 g Fisolen | 80 g Spiralen | Salz | Pfeffer | Suppenwürfel (pflanzlich) | Schnittlauch | Rapsöl

Zubereitung
Rezept Gemüsesuppe siehe Seite 20.
Die geschälte Zwiebel, die Karotten, die gelben Rüben und die Fisolen kleinwürfelig schneiden oder grob raspeln und in Rapsöl anschwitzen. Mit der Suppe aufgießen, würzen, leicht köcheln lassen (ca. 30 Minuten). Die Spiralen in Salzwasser kochen, abseihen, in die Suppe geben und mit Schnittlauch bestreuen.

Gebackene Knackwurst

Zutaten (10 Personen)
10 Knacker | etwas Mehl zum Panieren | 3 bis 4 Eier | Brösel | Rapsöl

Zutaten (4 Personen)
4 Knacker | etwas Mehl zum Panieren | 2 Eier | Brösel | Rapsöl

Zubereitung
Die Knacker von der Haut befreien, halbieren und in Mehl, verquirlten Eiern und den Semmelbröseln panieren. In Öl herausbacken.

Kalte Schnittlauchsauce

Zutaten (10 Personen)
1 Becher Sauerrahm | 1 Becher Joghurt 1% | Salz | 2 Knoblauchzehen | 2 Bund Schnittlauch

Zutaten (4 Personen)
½ Becher Sauerrahm | ½ Becher Joghurt 1% | Salz | 1 Knoblauchzehe | 1 Bund Schnittlauch

Zubereitung
Den klein geschnitten Schnittlauch mit den anderen Zutaten gut vermengen.

Kartoffelsalat

Zutaten (10 Personen)
2000 g speckige Kartoffeln | 1 große Zwiebel | Salz | Prise Zucker | Pfeffer | ¼ Liter heiße Gemüsesuppe (Würfel) | Kräuteressig | Rapsöl | feingeschnittener Schnittlauch

Zutaten (4 Personen)
800 g speckige Kartoffeln | 1 kleine Zwiebel | Salz | Prise Zucker | Pfeffer | 125 ml heiße Gemüsesuppe (Würfel) | Kräuteressig | Rapsöl | feingeschnittener Schnittlauch

Zubereitung
Die Kartoffeln kochen, schälen, blättrig schneiden und mit heißer Suppe, Essig, Öl, Salz, Pfeffer und Zucker gut vermengen. Etwas ziehen lassen.

Fruchtsaft

Zum Beispiel Multivitaminsaft mit Wasser verdünnen.

Fisolencremesuppe mit Gurken · Knackig-bunte Naturreispfanne · Chinakohlsalat · Himbeersaft

Fisolencremesuppe

Zutaten (10 Personen)
800 g Fisolen | 1 Gurke | 1 Zwiebel | 80 g Butter | 80 g Dinkelmehl | 1 l klare Gemüsesuppe (Würfel) | 125 ml Obers | 125 ml Sauerrahm | Salz | Pfeffer | 2 Knoblauchzehen | Muskat | Schnittlauch | Olivenöl

Zutaten (4 Personen)
320 g Fisolen | ½ Gurke | 1 Zwiebel | 30 g Butter | 30 g Dinkelmehl | ½ l klare Gemüsesuppe (Würfel) | 125 ml Obers | 2 EL Sauerrahm | Salz | Pfeffer | 1 Knoblauchzehe | Muskat | Schnittlauch | Olivenöl

Zubereitung
Geschälte Zwiebeln fein schneiden, in Olivenöl leicht anschwitzen, die klein geschnittenen Fisolen und die entkernte, klein geschnittene Gurke kurz mitrösten. Mit dem Mehl stauben, mit der Suppe aufgießen und leicht köcheln lassen. Mit verquirltem Sauerrahm-Obersgemisch verfeinern, würzen und mit dem geschnittenen Schnittlauch bestreuen.

Naturreispfanne

Zutaten (10 Personen)
500 g Hühnerfilet | 4 EL Sojasauce | 4 EL Rapsöl | 2 EL Vollkornmehl | 500 g Naturreis | 1,5 l Gemüsesuppe | 1 große Zwiebel | Knoblauch | Salz | Pfeffer | 500 g frisches, gemischtes Gemüse (Karotten 100 g, Weißkraut 100 g, Erbsen 100 g, Paprikaschoten 100 g, Sellerie 100 g)

Zutaten (4 Personen)
200 g Hühnerfilet | 2 EL Sojasauce | 2 EL Rapsöl | 1 EL Vollkornmehl | 200 g Naturreis | 0,6 l Gemüsesuppe | 1 Zwiebel | Knoblauch | Salz | Pfeffer | 200 g frisches Gemüse (je 40 g Karotten, Weißkraut, Erbsen, Paprikaschoten, Sellerie)

Zubereitung
Den Reis ca. 40 Minuten mit der doppelten Menge Wasser kochen. Die Hühnerfilets in Würfel schneiden, das Gemüse putzen und fein schneiden. Die geschälte, kleinwürfelig geschnittene Zwiebel anschwitzen, das Fleisch und das Gemüse mitrösten. Mit etwas Mehl Stauben, mit der Gemüsesuppe und Sojasauce aufgießen und würzen. Ca. eine halbe Stunde köcheln lassen und dann mit dem gekochten Reis vermengen – fertig würzen.

Chinakohlsalat

Zutaten (10 Personen)
500 g Chinakohl | 3 Kartoffeln | 2 Karotten | Kräuteressig | Olivenöl | Salz | Pfeffer | Prise Zucker

Zutaten (4 Personen)
200 g Chinakohl | 1 große Kartoffel | 1 Karotte | Kräuteressig | Olivenöl | Salz | Pfeffer | Prise Zucker

Zubereitung
Chinakohl feinstreifig schneiden und waschen; in eine Schüssel geben. Die Kartoffeln kochen, schälen und blättrig schneiden, alle Zutaten mit Essig, Öl und Gewürzen vermengen.

Himbeerverdünnungssaft

Faschierte Butterschnitzel mit Rahmsauce – Kartoffelpüree – Buntes Gemüse – Nektarinenroulade

Faschierte Butterschnitzel

Zutaten (10 Personen)
1000 g Faschiertes | 100 g Haferflocken | 250 g Magertopfen zum Binden | Salz | Pfeffer | Majoran | Knoblauch | Petersilie | 2 Zwiebeln | Rapsöl

Zutaten (4 Personen)
400 g Faschiertes | 40 g Haferflocken | 100 g Magertopfen zum Binden | Salz | Pfeffer | Majoran | Knoblauch | Petersilie | 1 Zwiebel | Rapsöl

Zubereitung
Die geschälten Zwiebeln klein schneiden und in Öl anschwitzen. Mit dem Faschierten und den anderen Zutaten und Gewürzen in einer Schüssel gut vermengen und zu kleinen Schnitzeln formen. In Rapsöl herausbacken.

Rahmsauce

Zutaten (10 Personen)
1 große Zwiebel | etwas Butter | 1 Löffel Vollkornmehl | ½ Becher Obers | ½ Becher Sauerrahm | Salz | Pfeffer | Suppenwürfel (pflanzlich) | 2 Löffel Ketchup | 2 Zehen Knoblauch | Dille | Schnittlauch

Zutaten (4 Personen)
1 kleine Zwiebel | etwas Butter | 1 Löffel Vollkornmehl | ½ Becher Obers | 2 Löffel Sauerrahm | Salz | Pfeffer | Suppenwürfel (pflanzlich) | 1 Löffel Ketchup | 1 Knoblauchzehe | Dille | Schnittlauch

Zubereitung
Zwiebel schälen, klein schneiden und in etwas Butter anschwitzen; mit etwas Mehl stauben, mit etwas Suppe aufgießen. Sauerrahm und Obers versprudeln und dazuleeren, aufkochen, würzen und die fein geschnittenen Kräuter darüber streuen.

Kartoffelpüree

Rezept siehe Seite 34.

Bunte Gemüsemischung

Zutaten (10 Personen)
1500 g Mischgemüse (gefroren) | Butter | Salz | Kräuter

Zutaten (4 Personen)
600 g Mischgemüse (gefroren) | Butter | Salz | Kräuter

Zubereitung
Das Gemüse leicht dämpfen, in Butter schwenken und mit Salz würzen.

Nektarinenroulade

Zutaten (15 Stück)
5 Eier | 4 EL kaltes Wasser | 80 g Vollwertzucker | Vanillezucker | 1 TL Backpulver | 80 g Dinkelmehl | 80 g Kartoffelmehl | Schale von einer halben Zitrone | Salz

Zubereitung
Dotter und Eiklar trennen. Dotter mit dem Wasser schaumig schlagen, 1/3 des Zuckers, Salz und Zitronenschale unterrühren, es soll eine hellgelbe Masse entstehen. Eiklar mit dem restlichen Zucker und Vanillezucker steif schlagen. Eischnee und Mehl nach und nach unter die Dottermasse heben, auf mit Backpapier ausgelegtes Backblech streichen und bei 180° C 12 bis 15 Minuten backen.
Wenn die Roulade fertig ist, sofort mit Backpapier zusammenrollen.

Creme

Zutaten (10 Personen)
¼ l Joghurt | 80 g Staubzucker | 6 Blatt Gelatine | Schale und Saft 1 Zitrone | ¼ l Schlagobers | 400 g frische Nektarinen (oder aus der Dose)

Zubereitung
Die Nektarinen schälen, entkernen und in dünne Spalten schneiden. Für die Creme Gelatine in kaltem Wasser einweichen. Schlagobers steif schlagen. Joghurt mit Zucker, Zitronensaft und abgeriebener Schale glatt rühren. Gelatine gut ausdrücken und in ca. 3 EL heißer Milch unter ständigem Rühren auflösen und dann im kalten Wasserbad abkühlen, unter die Joghurtmasse rühren und das steif geschlagene Obers unterheben. 10 Minuten kaltstellen. Die Roulade ausrollen, Creme aufstreichen, mit Nektarinenspalten belegen, zusammenrollen, in den Kühlschrank stellen. Ca. 1 Stunde vor dem Servieren mit Staubzucker bestreuen.

Grießnockerlsuppe

Rezept siehe Seite 54.

Kesselgulasch

Zutaten (10 Personen)
2000 g Wadschinken | 2000 g Zwiebeln | 1 roter, 1 gelber, 1 grüner Paprika | Knoblauch | Salz | Pfeffer | Majoran | Paprika, edelsüß | 2 EL Mehl | 2 EL Sauerrahm | Rapsöl | Essig

Zutaten (4 Personen)
800 g Wadschinken | 800 g Zwiebeln | ½ roter, gelber, grüner Paprika | 1 EL Mehl | 1 EL Sauerrahm | Rapsöl | Essig

Zubereitung
Das Fleisch in kleine Würfel schneiden. Die Zwiebeln klein schneiden und in Rapsöl anrösten, bis sie eine schöne braune Farbe haben. Dann das Fleisch mitrösten, Paprikagewürz dazu geben, ein Spritzer Essig, mit Wasser aufgießen, dass das Fleisch leicht bedeckt ist. Würzen, ca. 1,5 Stunden kochen lassen (je nach Fleischmenge). Die Paprika in Würfel schneiden und dazu geben. Noch ein wenig kochen lassen. Ein Mehlgmachtl zubereiten, einrühren und abschmecken.

Spiralen

Zutaten (10 Personen)
800 g Spiralen | Olivenöl | Salz | Kräuter

Zutaten (4 Personen)
320 g Spiralen | Olivenöl | Salz | Kräuter

Zubereitung
Die Spiralen in Salzwasser al dente kochen, in Olivenöl schwenken, mit Salz würzen und mit Kräutern bestreuen.

Orangensaft

Alpengröstl mit Kraut-Karottensalat · Kirschenkompott · Himbeersaft

Alpengröstl

Zutaten (10 Personen)
2500 g speckige Kartoffeln | 1 roter,1 grüner, 1 gelber Paprika | 1 Stange Lauch | Öl | 500 g Braunschweiger (oder Knacker, Bratwürstel) | 300 g geriebener Edamer | Salz | gemahlener Kümmel | Kräuter

Zutaten (4 Personen)
1000 g speckige Kartoffeln | ¼ von rotem, grünen, gelben Paprika | ½ Stange Lauch | Öl | 200 g Braunschweiger (oder Knacker, Bratwürstl) | 120 g geriebener Edamer | Salz | gemahlener Kümmel | Kräuter

Zubereitung
Die Kartoffeln ca. 40 Minuten kochen, dann schälen und in dünne Scheiben schneiden. In einer Pfanne Öl erhitzen, nudelig geschnittenen Lauch anrösten, die Kartoffeln kurz mitrösten, den würfelig geschnittenen Paprika und klein geschnittene Wurst in die Pfanne geben, würzen, gut vermengen und den geraspelten Edamer darüber streuen. Kurz ins Rohr stellen, ca. 20 Minuten, bis der Käse geschmolzen ist.

Kraut-Karottensalat

Zutaten (10 Personen)
2000 g Weißkraut | 1 große Karotte | Apfelessig | Rapsöl | Salz | Zucker | gemahlener Kümmel | 100 g Speckwürfel

Zutaten (4 Personen)
800 g Weißkraut | 1 Karotte | Apfelessig | Rapsöl | Salz | Prise Zucker | gemahlener Kümmel | 30 g Speckwürfel

Zubereitung
Weißkraut und Karotte fein hobeln, in eine Schüssel geben, mit Zucker, Salz, Kümmel, Apfelessig, Wasser und etwas Rapsöl gut durchmischen. ½ Stunde stehen lassen. Speckwürfel in einer Pfanne anrösten und über das Kraut leeren. Alles gut durchmengen.

Kirschkompott

Zutaten (10 Personen)
1500 g frische Kirschen (oder Dose) | 1 l Wasser | Vollwertzucker | 1 Zimtstange

Zutaten (4 Personen)
600 g frische Kirschen (oder Dose) | ½ Liter Wasser | Vollwertzucker | ½ Zimtstange

Zubereitung
Die Kirschen mit Zimtstange und Zucker in kochendes Wasser geben, ca.5 Minuten leicht köcheln lassen.

Himbeersaft

Tipp:
Der Kraut-Karottensalat schmeckt mit ein paar geschnittenen Ananasstücken und Joghurtdressing lecker.

Gebackenes Sesamschnitzel mit zweierlei Kartoffelsalat ✿ Erdbeerpudding ✿ Saft nach Wunsch

Gebackenes Sesamschnitzerl

Zutaten (10 Personen)
10 Schweinsschnitzel (á 150 g) | 2 Eier | Semmelbröseln mit Sesam (je zur Hälfte) | etwas Vollkornmehl | Rapsöl

Zutaten (4 Personen)
4 Schweinsschnitzel (á 150 g) | 1 Ei | Semmelbröseln mit Sesam | etwas Vollkornmehl | Rapsöl

Zubereitung
Schnitzel klopfen, salzen, pfeffern und in Mehl, in Ei und in Brösel-Sesamgemisch panieren, gut andrücken. In heißem Öl heraus backen.

Zweierlei Kartoffelsalat

Zutaten (10 Personen)
2000 g Kartoffeln (speckige) | 1 roter Paprika | 2 rote Zwiebeln | etwas Majonaise (light) | Estragon Senf | ½ Liter Suppe (pflanzliche) | Salz | Pfeffer | Prise Zucker | Apfelessig | Rapsöl | Schnittlauch

Zutaten (4 Personen)
800 g Kartoffeln (speckige) | ½ roter Paprika | 1 rote Zwiebel | etwas Majonaise (light) | etwas Estragon Senf | ¼ Liter Suppe (pflanzliche) | Salz | Pfeffer | Prise Zucker | Apfelessig | Rapsöl | Schnittlauch

Zubereitung
Die Kartoffeln schälen und 40 Minuten dämpfen oder kochen. In Scheiben schneiden, in eine Schüssel geben und mit Suppe übergießen; mit ein paar Spritzern Essig, Öl, Salz, Zucker, Pfeffer und Senf vermischen, stehen lassen. Den Salat in 2 Schüsseln aufteilen: 1 Schüssel mit etwas Majonaise, fein geschnittenem Schnittlauch und roten Paprikawürfeln vermengen. 1 Schüssel mit roter, kleingehackter Zwiebel vermengen. Noch einmal gut abschmecken.

Erdbeerpudding

Zutaten (10 Personen)
1 ½ l Milch | 135 g Puddingpulver (Erdbeergeschmack) | 120 g Vollzucker

Zutaten (4 Personen)
0,6 l Milch | 70 g Puddingpulver (Erdbeergeschmack) | 50 g Vollzucker

Zubereitung
Die Milch aufkochen, das Puddingpulver mit ein Paar Löffeln Milch versprudeln und den Zucker dazu geben.1 Minute kochen, wegziehen, weiterrühren, In Schüsseln aufteilen.

Saft nach Wunsch

Altwiener Kartoffelsuppe 🍳 Apfel-Zimtknödel auf Nussbrösel 🍳 Apfelsaft

Altwiener Kartoffelsuppe

Zutaten (10 Personen)
1000 g Kartoffeln (mehlig) | 1 Stange Lauch | 1 Karotte | 250 g Erbsen | 1 Becher Obers | ½ Becher Sauerrahm | Salz | Pfeffer | 1,5 l Suppe (Würfel) | Rapsöl | Kräuter

Zutaten (4 Personen)
600 g Kartoffeln (mehlig) | ½ Stange Lauch | 1 Karotte | 100 g Erbsen | ½ Becher Obers | 2 EL Sauerrahm | Salz | Pfeffer | ¾ l Suppe (Würfel) | Rapsöl | Kräuter

Zubereitung
Die Kartoffeln schälen, in sehr kleine Würfeln schneiden. Den gewaschenen, geschnittenen Lauch in etwas Öl anrösten. Die Kartoffeln mitrösten, mit der Suppe aufgießen, ca. ½ Stunde kochen lassen. Würzen, mit Obers und Sauerrahm verfeinern. Erbsen und fein geraspelte Karotten dazu geben, noch etwas köcheln lassen. Fertig abschmecken. Fein geschnittene Kräuter nach Belieben darüber streuen.

Apfel-Zimtknödel

Zutaten (10 Personen)
80 g Butter | Salz | 1 EL Grieß | 500 g Magertopfen | 500 g griffiges Mehl

Zutaten (Fülle - 10 Personen)
500 g Äpfel | 2 EL Zitronensaft | 10 EL Vollwertzucker | Rosinen | Zimt

Zutaten (10 Personen)
30 g Butter | Salz | ½ EL Grieß | 200 g Magertopfen | 200 g griffiges Mehl

Zutaten (Fülle - 10 Personen)
200 g Äpfel | 1 EL Zitronensaft | 4 EL Vollwertzucker | Rosinen | Zimt

Zubereitung
Butter schaumig rühren und alle anderen Zutaten dazu geben. Etwas rasten lassen. Eine Rolle formen, mit der Teigkarte Stücke abstechen.

Zubereitung (Fülle)
Äpfel vierteln, entkernen, in kleine Würfel schneiden, mit Zucker, Zimt und Zitronensaft vermengen. Die Apfelmasse in den Knödelteig einfüllen, fest andrücken.
Ca.10 Minuten in Wasser köcheln lassen.

Nussbrösel

Zutaten (10 Personen)
500 g Brösel | 200 g Nüsse | Zimt | 5 EL Zucker | 100 g Butter

Zutaten (4 Personen)
200 g Brösel | 80 g Nüsse | Zimt | 2 EL und Zucker | etwas Butter

Zubereitung
In einer Pfanne die Butter zergehen lassen, Brösel und Nüsse kurz anrösten. Fertige Knödel in der Nuss-Bröselmischung wälzen, etwas anzuckern.

Apfelsaft

Tipp:

Zimt schneckt nicht nur zu sämtlichen Mehlspeisen gut, sondern wird von Heilkundlern als krampflösend, gefäßverengend und fäulnishemmend beschrieben.

Innviertler Speckschmarren

Zutaten (10 Personen)
1 l Milch | 6 Eier | 2 Eiklar | ca. 10 EL Mehl | Salz | 300 g magere Speckwürfel | frische Kräuter | Rapsöl

Zutaten (4 Personen)
0,4 l Milch | 2 Eier | 1 Eiklar | ca. 4 EL Mehl | Salz | 120 g magere Speckwürfel | frische Kräuter | Rapsöl

Zubereitung
Den Speck in Öl anrösten. Aus Milch, Eiern, Mehl und Salz einen Teig bereiten. Eiklar steif schlagen und unterheben, In einer Pfanne in Rapsöl herausbacken. Die Speckwürferl auf den rohen Teig streuen und mitbacken. Sobald die Oberfläche durchgebacken ist, mit 2 Küchenfreunden oder Gabeln den Schmarren zerreißen. Noch ein paar Mal wenden und weiterbacken (wie einen Kaiserschmarren)

Bunter Schüsselsalat

Zutaten (10 Personen)
500 g Friseesalat | 1 Bund Ruccola | 200 g Mischgemüse | Salz | Pfeffer | Prise Zucker | Salatkräuter | Balsamikoessig | Olivenöl

Zutaten (4 Personen)
200 g Friseesalat | ½ Bund Ruccola | 80 g Mischgemüse | Salz | Pfeffer | Prise Zucker | Salatkräuter | Balsamikoessig | Olivenöl

Zubereitung
Die grünen Salate waschen, das Gemüse kurz dämpfen, mit den Gewürzen und allen anderen Zutaten gut vermengen.

Hauskuchen

Zutaten (24 Stück)

5 Eiklar | 160 g Zucker | 120 g Schokolade | 80 g Butter | 80 g Vollkornmehl | etwas Nüsse Kokosflocken | Rosinen (nach Wunsch)

Zubereitung

Das Eiklar mit dem Zucker aufschlagen, bis es sehr steif ist. Die erweichte Schokolade (Schüssel in Wasserbad stellen bis Schokolade weich ist), wenn sie wieder abgekühlt ist, Butter verrühren. Vorsichtig mit dem Mehl, den Nüssen usw. unter die Schneemasse mengen. Die Masse auf ein mit Backpapier belegtes Blech streichen und bei 175° C ca. 30 Minuten backen. Für ein Schulblech die doppelte Menge nehmen.

Fruchtsaft nach Wunsch

Tipp:

Anstatt Speckwürfeln ist es immer möglich, gekochtes, in Würfel geschnittenes, mageres Geselchtes zu verwenden.

Themenwochen

Narrensuppe · Cevapcici mit Curryreis · Salat grün-orange · Blutorangengetränk

Narrensuppe - Grießreissuppe

Zutaten (10 Personen)
100 g Butter | 300 g Grieß (fein) | 2 Eier | Salz | Muskat

Zutaten (4 Personen)
50 g Butter | 150 g Grieß (fein) | 1 Ei | Salz | Muskat

Zubereitung
Rezept Rindssuppe, siehe Seite 22.
Butter leicht erwärmen, mit dem Grieß, den Eiern und Gewürzen in einer Schüssel vermischen, etwas rasten lassen und durch ein Spätzlesieb in die kochende Suppe streichen.

Cevapcici

Zutaten (10 Personen)
1500 g Faschiertes gemischt | 500 g Zwiebeln | Salz | Pfeffer | Majoran | Paprika (edelsüß) | etwas Mehl oder Haferflocken | Olivenöl

Zutaten (4 Personen)
600 g Faschiertes gemischt | 200 g Zwiebeln | Salz | Pfeffer | Majoran | Paprika (edelsüß) | etwas Mehl oder Haferflocken | Olivenöl

Zubereitung
Das Faschierte und die feinwürfelig geschnittenen Zwiebeln mit den Haferflocken oder dem Mehl und den Gewürzen vermischen. Daumendicke, ca. 10 cm lange Würstchen formen und in Olivenöl herausbacken.

Curryreis

Zutaten (10 Personen)
800 g Reis (½ Dinkel, ½ Rundkorn) | doppelt soviel Wasser | etwas Butter | Salz | Prise Curry

Zutaten (4 Personen)
320 g Reis | doppelt soviel Wasser | etwas Butter | Salz | Prise Curry

Zubereitung
Den Reis mit dem Wasser ca. 40 Minuten auf kleiner Flamme zugedeckt kochen, mit Butter, Salz und Curry verfeinern.

Salat grün-orange

Zutaten (10 Personen)
ca. 500 g Blattsalate (z. B. Kopfsalat, Ruccola) | 2 Äpfeln grob raspeln | 1 Orange | ½ Orangensaft | Salz | Pfeffer | Prise Zucker | Olivenöl | Spritzer Apfelessig

Zutaten (4 Personen)
ca. 200 g Blattsalate (z. B. Kopfsalat, Ruccola) | 1 kleinen Apfel grob raspeln | ½ Orange | 60 ml Orangensaft | Salz | Pfeffer | Prise Zucker | Olivenöl | Spritzer Apfelessig

Zubereitung
Die Salate waschen, mit den Gewürzen, Orangensaft, etwas Apfelessig und Öl gut vermengen. Mit kleinen Orangenstücken garnieren.

Blutorangendrink

Krautsuppe mit Paprika · Gemüsestifte · Faschingspuffer Kapitän Sparrow mit Dip · Hexenblut

Krautsuppe mit Paprika

Zutaten (10 Personen)
1000 g Weißkraut | 100 g magerer Speck (in 1 cm dicken Scheiben) | 2 Zwiebeln | 2 Zehen Knoblauch | 4 TL Paprika (edelsüß) | 2,5 Liter klare Gemüsesuppe (Würfel) | Petersilie | Salz | Pfeffer | Kümmel (gemahlen) | Majoran | Schuss Apfelessig

Zutaten (4 Personen)
400 g Weißkraut | 40 g Magerspeck (in 1 cm dicken Scheiben) | 1 Zwiebel | 1 Zehe Knoblauch | 1 TL Paprika (edelsüß) | 1 Liter klare Gemüsesuppe (Würfel) | Petersilie | Salz | Pfeffer | Kümmel (gemahlen) | Majoran | Schuss Apfelessig

Zubereitung
Das Kraut von äußeren Blättern und Strunk befreien, in feine Streifen schneiden, die Zwiebeln fein schneiden und mit dem würfelig geschnittenen Speck in Olivenöl leicht anrösten. Das Paprikapulver dazu geben und sofort mit der Suppe aufgießen. Fertig würzen. Knoblauch zerdrücken und dazu geben. Ca. ½ Stunde köcheln lassen. Klein geschnittene Petersilie darüber streuen.

Gemüsestifte

Zutaten (10 Personen)
300 g Tomaten | 300 g Karotten | 300 g Gurken | 300 g Kohlrabi

Zutaten (4 Personen)
120 g Tomaten | 120 g Karotten | 120 g Gurken | 120 g Kohlrabi

Zubereitung
Alle Gemüsesorten waschen, die Tomaten in Spalten schneiden, die Karotten schälen und mit einer Küchenmaschine stifteln (oder händisch). Gurken mit Schale in ½ cm dicke Scheiben schneiden, den Kohlrabi schälen und nach Belieben schneiden oder stifteln. Alle Gemüsesorten auf einer Platte schön auflegen.

Faschingspuffer

Zutaten (10 Personen)
2000 g mehlige Kartoffeln | 6 EL Sauerrahm | 2 Eier | 5 bis 6 EL Grieß | Salz | Muskat | Kräuter | Olivenöl

Zutaten (4 Personen)
800 g mehlige Kartoffeln | 2 EL Sauerrahm | 1 Ei | 2 EL Grieß | Salz | Muskat | Kräuter | Olivenöl

Zubereitung
Die Kartoffeln nur 15 Minuten kochen, abkühlen lassen, schälen und grob raspeln. Alle Zutaten miteinander vermengen und etwas stehen lassen. Laibchen formen, in Olivenöl herausbacken oder im Rohr backen.

Dip

1 Becher Joghurt | 1 Becher Sauerrahm mit Salz | Pfeffer | Knoblauch | Kräutern
Alles gut vermengen.

Hexenblut

Früchtetee mit frischem Orangensaft und Honig.

Porreesuppe · Zauberpalatschinken · Erdbeermilch

Porreesuppe

Zutaten (10 Personen)
2 große Stangen Porree | 1 Karotte | 100 g Butter | 1 Zwiebel | 100 g Vollkornmehl | Muskat | Salz | Suppenwürfel (pflanzlich) | ½ Becher Sauerrahm | 2 l klare Gemüsesuppe

Zutaten (4 Personen)
1 große Stange Porree | 1 kleine Karotte | 40 g Butter | 1 kleine Zwiebel | 40 g Vollkornmehl | Muskat | Salz | Suppenwürfel (pflanzlich) | ¼ Becher Sauerrahm | 800 ml klare Gemüsesuppe

Zubereitung
Zwiebel schälen, fein hacken und in Butter anrösten. Den Lauch waschen, nudelig schneiden, mitrösten. Mit Mehl stauben und mit der Suppe aufgießen. Kurz kochen lassen. Karotte schälen, fein reiben und dazu geben, würzen, mit dem mit etwas Wasser verquirlten Sauerrahm verfeinern und abschmecken.

Zauberpalatschinken

Zutaten (10 Personen = 20 Palatschinken)
1 l Milch | 4 Eier | Salz | Vollkornmehl nach Bedarf | Rapsöl | 2 Pkg. Vanilleeis | Schokosauce | bunte Smarties | 1 Becher geschl. Schlagobers

Zutaten (4 Personen = 10 Palatschinken)
½ Liter Milch | 2 Eier | Vollkornmehl nach Bedarf | Rapsöl | 1 Pkg. Vanilleeis | Schokosauce | bunte Smarties | ½ Becher Schlagobers

Zubereitung
Milch, Eier, Salz und so viel Mehl versprudeln, bis ein dünnflüssiger Teig entsteht. Palatschinken in einer Pfanne mit etwas Öl herausbacken. In jede Palatschinke zwei Vanilleeiskugeln geben, zusammenschlagen. Mit Schlagoberstupfen, etwas Schokosauce und Smarties garnieren.

Erdbeermilch

Zutaten (10 Personen)
2 l Milch | 500 g frische (oder Tiefkühlware, aufgetaut) Erdbeeren | Zucker

Zutaten (4 Personen)

¾ Liter Milch | 250 g frische oder gefrorene Erdbeeren | nach Bedarf süßen

Zubereitung

Die Milch in ein Gefäß geben und mit den pürierten Erdbeeren vermengen. Mit Vollwertzucker, wenn nötig, etwas süßen.

Hexenmenü: Fisolengulasch mit bunten Spiralen ✿ Nusstascherl ✿ Saft nach Wahl

Fisolengulasch

Zutaten (10 Personen)
2 Zwiebeln | 200 g magerer Speck | 1600 g Fisolen | 2 TL Paprika | Apfelessig | Salz | Pfeffer | 4 EL Tomatenmark | Petersilie | ½ l klare Gemüsesuppe | 2 EL griffiges Mehl

Zutaten (4 Personen)
1 Zwiebel | 80 g magerer Speck | 640 g Fisolen | 1 TL Paprika | Schuss Apfelessig | Salz | Pfeffer | 2 EL Tomatenmark | Petersilie | ¼ l klare Gemüsesuppe | 1 EL griffiges Mehl

Zubereitung
Zwiebeln anrösten und den würfelig geschnittenen Speck mitbraten. Die Fisolen nach dem Putzen in 1 cm lange Stücke schneiden, dazu geben, mit Paprika, Salz, Essig, Pfeffer würzen und mit Suppe aufgießen. Weich dünsten und gegen Ende der Garzeit das Tomatenmark dazu geben. Mit dem griffigen Mehl ein Mehlgmachtl zubereiten. Gemüse damit binden und fertig abschmecken.

Bunte Spiralen

Zutaten (10 Personen)
800 g bunte Spiralen | etwas Olivenöl | Salz | frische Kräuter

Zutaten (4 Personen)
320 g bunte Spiralen | etwas Olivenöl | Salz | frische Kräuter

Zubereitung
Die Spiralen in Salzwasser kochen bis sie weich sind, abseihen, in Olivenöl schwenken, salzen, mit Kräutern bestreuen.

Nusstascherl

Zutaten (50 Stück)
300 g glattes Mehl | 200 g Dinkelmehl | 1 Pkg. Backpulver | 300 g Butter | 2 Eier | 1 bis 2 EL Weißwein oder Wasser | abgeriebene Schale einer Zitrone

Zubereitung
Alle Zutaten zu einem Mürbteig verkneten, ca. 1 Stunde kühl stellen.

Nussfülle

Zutaten

300 g Nüsse | 300 g Staubzucker | 2 Pkg. Vanillezucker | 2 Eiklar | 2 EL Rum | Zimt | 2 Dotter zum Bestreichen | 60 g gehackte Nüsse zum Bestreuen

Zubereitung

Nüsse, Staubzucker, Gewürze und Eiklar zusammenrühren. Den Teig messerrückendick ausrollen und in Scheiben von ca. 6 cm Durchmesser ausstechen. Mit einem Kaffeelöffel in die Mitte Fülle geben, am Rand mit Dotter bestreichen und zusammenklappen, fest andrücken. Die Tascherl mit Dotter bestreichen und gehackte Nüsse darüber streuen. Auf einem Blech ca. 30 bis 40 Minuten backen bei 160° C.

Saft nach Wahl

Minestrone · Spagetti Italiana · Chicoreesalat in Orangenschale · Himbeersaft

Minestrone

Zutaten (10 Personen)
2 l fertige Gemüsesuppe (Würfel) | Olivenöl | 40 g Magerspeckwürfel | 1 große Zwiebel | 100 g Karotten | 1 kleine Dose Tomatenwürfel | 100 g weiße Bohnen | Pfeffer | Salz | Knoblauch | Oregano | einige gekochte, kleingeschnittene Spagetti

Zutaten (4 Personen)
0,4 l Gemüsesuppe (Würfel) | Olivenöl | 20 g Magerspeckwürfel | 1 kleine Zwiebel | 1 Karotte | ½ Dose Tomatenwürfel (klein) | 40 g weiße Bohnen | Pfeffer | Salz | Knoblauch | Oregano | ein paar gekochte, geschnittene Spagetti

Zubereitung
Die kleingeschnittene Zwiebel in Öl leicht anschwitzen lassen, die Speckwürfel dazu geben. Etwas mitrösten, das Gemüse kleinwürfelig schneiden, kurz anbraten lassen. Mit der Suppe aufgießen. Leicht kochen lassen, die Gewürze, die Bohnen- und Tomatenwürfel dazu geben. 20 Minuten köcheln lassen, fertig abschmecken.

Spagetti Italiana

Zutaten (10 Personen)
1000 g Spagetti | 2 Zwiebeln | Olivenöl | 500 g Kürbis oder Karotten | 500 g Fischfilet | 250 ml Obers | ¼ l Sauerrahm | Pfeffer | Knoblauch | Dille | frisches Basilikum

Zutaten (4 Personen)
400 g Spagetti | 1 Zwiebel | Olivenöl | 200 g Kürbis oder Karotten | 200 g Fischfilet | 125 ml Obers | 2 EL Sauerrahm | Salz | Pfeffer | Knoblauch | Dille | frisches Basilikum

Zubereitung
Spagetti in Salzwasser bissfest kochen, abseihen, in Olivenöl schwenken, mit Salz würzen. Die Zwiebeln, geschält und fein geschnitten, in Öl anrösten, das feinstreifig geschnittene Gemüse mitrösten, mit Obers-Sauerrahmgemisch aufgießen. Kurz aufkochen. Fischwürfel dazu geben, würzen, kurz köcheln lassen, eventuell noch ein wenig mit Maizena eindicken. Nochmals würzen und frische Kräuter darüber streuen.

Chicoreesalat in Orangenschale

Zutaten (10 Personen)

5 bis 6 Chicoree | 5 Blutorangen | 100 g gestiftelte Mandel | Marinade: | 1 Zwiebel | 1 Magerjoghurt | etwas Rapsöl | Salz | Pfeffer | Salatkräuter

Zutaten (4 Personen)

2 bis 3 Chicoree | 2 Blutorangen | 40 g gestiftelte Mandeln | Marinade: | ½ Zwiebel | ½ Magerjoghurt | etwas Rapsöl | Salz | Pfeffer | Salatkräuter

Zubereitung

Alle Zutaten der Marinade mit dem Pürierstab pürieren. Den bitteren Strunk des Chicoree ausschneiden. Gemüse kurz in siedendem Wasser überkochen, abtropfen lassen, klein schneiden.

Die Orangen halbieren, das Fruchtfleisch aus den Orangenhälften auslösen und würfeln. Mit Chicoree und dem Dressing vermengen, in die Orangenhälften einfüllen. Mit den Mandelsplittern bestreuen.

Himbeersaft (Verdünnungssaft)

Pizzaschnitten

Zutaten (10 Personen)
800 g glattes Mehl | 200 g Vollkornmehl | 1 Ei | 1 Würfel Germ | 5 EL Olivenöl | ca. ½ l lauwarmes Wasser | Salz

Zutaten (4 Personen)
320 g glattes Mehl | 80 g Vollkornmehl | 1 Ei | ½ Würfel Germ | 3 EL Olivenöl | ca. 250 ml lauwarmes Wasser | Salz

Zubereitung
Das Mehl in eine Schüssel geben. Germ in einer Schüssel mit etwas lauwarmem Wasser zerdrücken, zum Mehl dazu geben, Ei und Öl, Salz und restliches Wasser beimengen. Mit dem Rührgerät rühren, bis der Teig Blasen schlägt. Kugeln formen und zugedeckt gehen lassen (ca. ½ Stunde). Den Teig auswalken und auf mit Backpapier belegte Bleche drücken.

Sauce

Zutaten (10 Personen)
2 Dosen geschälte Tomaten | Suppenwürfel (pflanzlich) | Salz | Oregano | 2 Zehen Knoblauch | Kräuter

Zutaten (4 Personen)
1 Dose geschälte Tomaten | Suppenwürfel (pflanzlich) | Salz | Oregano | 1 Zehe Knoblauch | Kräuter

Die geschälten Tomaten in einen Topf geben, pürieren, würzen und die geschnittenen Kräuter darunter rühren. Auf den ausgewalkten Pizzateig dünn aufstreichen.

Belag

Zutaten (10 Personen)
500 g Toastschinken | 600 g Pizzakäse | 1 kleine Dose Maiskörner | bunte Paprikawürfel von je ½ gelbem und grünem Paprika | Pizzagewürz | 500 g Mozzarella light

Zutaten (4 Personen)
200 g Toastschinken | 240 g Pizzakäse | ½ Dose Maiskörner | bunte Paprikawürfel, von je ¼ gelbem und grünem Paprika | Pizzagewürz | 200 g Mozzarella light

Zubereitung

Den Schinken kleinwürfelig schneiden, mit dem Paprika und dem Mais über die Pizza streuen; zum Schluss den in Scheiben geschnittenen Mozarella auflegen, mit Pizzagewürz bestreuen und bei 200° C ca. 20 Minuten im Backrohr backen.

Mürbe Weintraubentascherl

Zutaten (Teig - 10 Personen)

200 g glattes und 200 g Dinkelmehl | 1 Pkg. Backpulver | 2 Eier | 100 g Kristallzucker | 60 g weiche Butter

Zutaten (Fülle - 10 Personen)

500 g helle Trauben (ohne Kerne) | 6 EL Kristallzucker | 60 g Butter | 60 g Semmelbrösel | Prise Zimt | Rapsöl

Weinschaum (10 Personen)

¼ l Weißwein | 2 Eier | 2 Dotter | 100 g Kristallzucker

Zutaten (Teig - 4 Personen)

100 g glattes und 100 g Dinkelmehl | ½ Pkg. Backpulver | 1 Eier | 50 g Kristallzucker | 60 g weiche Butter

Zutaten (Fülle - 4 Personen)

250 g helle Trauben (ohne Kerne) | 3 EL Kristallzucker | 30 g Butter | 30 g Semmelbrösel | Prise Zimt | Rapsöl

Weinschaum (4 Personen)

125 ml Wein | 1 Ei | 1 Dotter | 50 g Kristallzucker

Zubereitung

Für den Teig alle Zutaten miteinander verkneten und in einer Frischhaltefolie ca. ½ Stunde kühl stellen. Für die Fülle die Trauben halbieren, den Zucker in einer Pfanne hell rösten, die Trauben zugeben, bei schwacher Hitze kurz schwenken, mit Butter, Brösel, Zimt vermengen und auskühlen lassen. Den Teig auf einer bemehlten Fläche ca. 3 mm ausrollen, runde Tascherl ausstechen, mit je 1 TL Fülle belegen, zusammenklappen und fest andrücken. Mit Ei bestreichen und in erhitztem Öl (ca. 3 Finger hoch) goldgelb herausbacken; auf Küchenrolle abtropfen lassen.

Zubereitung (Weinschaum)

Alle Zutaten in einem Schneekessel über Dampf schaumig aufschlagen. Mit den Tascherln anrichten.

Zitronentee

Polpettine con masarella (Fleischlaibchen mit Herz) · Dreierlei Püree · Bunter Salatteller · Früchtetee

Polpettine con masarella

Zutaten (10 Personen)
1500 g Faschiertes | 3 Zehen Knoblauch | Salz | Pfeffer | Majoran | etwas Paprikapulver | 2 Zwiebeln | 250 g Magertopfen | 200 g Mozzarella | Kräuter | Rapsöl

Zutaten (4 Personen)
600 g Faschiertes | 1 Zehe Knoblauch | Salz | Pfeffer | Majoran | etwas Paprikapulver | 1 Zwiebel | 100 g Magertopfen | 80 g Mozzarella | Kräuter | Rapsöl

Zubereitung
Die Zwiebeln klein schneiden, in Öl hellbraun anschwitzen, zum faschierten Fleisch geben. Würzen, den Topfen und die Kräuter dazu geben, dann die Laibchen in gewünschter Größe formen. Mozzarellawürfel mitten ins Laibchen drücken. In Olivenöl herausbacken.

Dreierlei Püree

Bild siehe Seite 93 (unten).

Rezept siehe Seite 103.

Salat nach Saison

Früchtetee

Tortellini al forno (Tortellini-Auflauf) · Griechischer Salat · Parazzo (Schokoladenkuchen) · Himbeersaft

Tortellini al forno

Zutaten (10 Personen)
1000 g Tortellini | ½ l Obers | 1 Becher Sauerrahm | 200 g Karotten | 500 g Zucchini | 500 g Tomaten | 500 g geriebener Parmesan (oder Pizzakäs) | 3 Zwiebeln | Oregano | Salz | Pfeffer

Zutaten (4 Personen)
400 g Tortellini | ¼ l Obers | ½ Becher Sauerrahm | 80 g Karotten | 200 g Zucchini | 200 g Tomaten | 200 g geriebenen Parmesan (oder Pizzakäse) | 1 Zwiebel | Oregano | Salz | Pfeffer

Zubereitung
Die Tortellini in Salzwasser al dente kochen, abgießen.
Die Zwiebeln schneiden, anrösten, die würfelig geschnittenen Zucchini, Tomaten und die grob geraspelten Karotten kurz mitdünsten. Das Gemüse mit Obers und verquirltem Sauerahm aufgießen, würzen, mit pflanzlichem Suppenwürfel verfeinern. Eine passende Auflaufform einfetten. Die Hälfte der Tortellini hinein geben, die Hälfte der Sauce darüber gießen, mit etwas Käse bestreuen, Vorgang wiederholen. Den Auflauf mit restlichem Käse bestreuen. Im Backrohr bei 180° C 15 Minuten backen.

Griechischer Salat (Insalata Mista)

Zutaten (10 Personen)
500 g Eisbergsalat | ½ Tasse Ruccola | 1 Gurke | 4 Tomaten | 300 g griechischer Schafkäse 20 Oliven | Balsamikoessig | Olivenöl | Salatkräuter | Salz | Pfeffer

Zutaten (4 Personen)
200 g Eisbergsalat | etwas Ruccola | ½ Gurke | 2 Tomaten | 100 g griechischer Schafkäse 8 Oliven | Balsamikoessig | Olivenöl | Salatkräuter | Salz | Pfeffer

Zubereitung
Die Salate waschen und klein schneiden, Gurken und Tomaten blättrigschneiden, Schafkäse würfeln. Alle Zutaten in einer Schüssel gut vermengen.

Parazzo

Zutaten (24 Stück)

100 g gemahlene Mandeln | 100 g griffiges Mehl (die Hälfte davon Dinkelmehl) | ½ Packung Backpulver | 100 g Vollwertzucker | 80 g flüssige Butter | 200 g Kochschokolade | 5 Eier | 2 EL Speisestärke

Zubereitung

Die Eier trennen, Dotter mit Zucker schaumig schlagen. Mehl, Backpulver und Speisestärke vermischen und darunter heben. Jetzt die Mandeln nach und nach beifügen, die flüssige Butter dazu geben. Zum Schluss steif geschlagenen Schnee unterheben.

Die Masse in eine viereckige, gefettete Pfanne leeren. Bei 175° C ca. 40 Minuten backen. Wenn der Parazzo fertig gebacken ist abkühlen lassen, mit flüssiger Schokolade übergießen. Zum Schluss mit Staubzucker bestäuben. Mit frisch geschlagener-Sahne servieren!

Himbeersaft

Bunter Fleischstrudel nach Art des Hauses auf Tomatensauce · Feldsalat · Birnenkompott · Dreifruchtsaft

Bunter Fleischstrudel

Zutaten (10 Personen - 4 Strudel)
700 g glattes Mehl | 300 g Vollkornmehl | 100 g Rapsöl | 3 bis 4 Eier | Salz | Wasser nach Bedarf

Zutaten (Fülle - 4 Strudel)
1200 g Faschiertes gemischt | 1 große Zwiebel | Salz | Pfeffer | Majoran | etwas Senf | 160 g geriebene Karotten | 160 g geriebener Sellerie | 80 g geriebene Zucchini | 4 Eiklar | 4 EL Brösel (reicht für 4 Strudeln je nach Länge) | 3 Pakete passierte Tomaten (Pomitos) | Salz | 1 Suppenwürfel (pflanzlich) | Oregano

Zutaten (4 Personen - 2 Strudel)
280 g glattes Mehl | 120 g Vollkornmehl | 50 g Rapsöl | 2 Eier | Salz | Wasser nach Bedarf

Zutaten (Fülle - 2 Strudel)
480 g Faschiertes gemischt | 1 Zwiebel | Salz | Pfeffer | Majoran | etwas Senf | 60 g geriebene Sellerie | 60 g geriebene Karotten | 50 g geriebene Zucchini | 2 Eiklar | 2 EL Brösel | 1 Paket passierte Tomaten | Salz | 1 Suppenwürfel (pflanzlich | Oregano

Zubereitung Teig
Mehl, Öl, Salz, Eier und Wasser auf der Arbeitsplatte zu einem glatten Teig verarbeiten. Kugeln formen, mit Öl einstreichen, ca. eine halbe Stunde zugedeckt rasten lassen. Sorgfältig auf einem bemehlten Tuch ausziehen. Man kann auch fertigen Blätterteig oder Strudelteig verwenden.

Zubereitung Fülle
Geschälte, fein geschnittene Zwiebel, geputztes, geraspeltes Gemüse und das Faschierte in Öl anrösten. Salz, Pfeffer, Majoran, Kräuter dazu, abkühlen lassen. Das Eiklar zu steifem Schnee schlagen und mit den Bröseln unter die erkaltete Masse heben. Auf den Strudelteig aufstreichen und einrollen. Den Strudel mit Butter bestreichen und bei 180° C ca. 30 Minuten backen. Tomatensauce von den Pomitos zubereiten, würzen, kurz aufkochen, wenn nötig noch etwas eindicken mit Maizena.

Feldsalat

Ca. 50 g pro Person, mit Dressing nach Belieben anrichten

Birnenkompott

Zutaten (10 Personen)
10 Birnen | Vollwertzucker | etwas Zitronensaft | Zimtstange | 1 Liter Wasser,

Zutaten (4 Personen)
4 Birnen | Vollwertzucker | etwas Zitronensaft | Zimtstange | ½ Liter Wasser

Zubereitung
Die Birnen schälen und in kleine Würfel schneiden, in Wasser mit Zimtstange, Zucker und Zitronensaft ca. 10 Minuten leicht dünsten.

Dreifruchtsaft (Verdünnungssaft)

Tipp:
Aus den frischen Tomaten des eingenen Gartens eine Sauce zu machen wäre das Beste für unser Immunsystem. Gerade Tomaten entfalten ihren Vitalstoffreichtum besonders gut, wenn sie gekocht werden. Wertvoll ist das Lycopin, das in erhitzten Suppen und Saucen besser verfügbar ist wie in rohen Tomaten.
Lycopin ist ein Carotinoid, eine Vorstufe des Vitamins A.

Kokos-Bananensuppe · Obststrudel auf Vanillecreme · Früchtetee

Kokos-Bananensuppe

Zutaten (10 Personen)
5 Bananen | 1 l Kokosmilch | 1 l Suppe (pflanzlich) | Salz | Pfeffer | Weißbrotwürfel geröstet | Kresse

Zutaten (4 Personen)
2 Bananen | 0,4 l Kokosmilch | ½ l Suppe (pflanzlich) | Salz | Pfeffer | Weißbrotwürfel geröstet | Kresse

Zubereitung
Suppe, Kokosmilch und zerdrückte Bananen mit den Gewürzen aufkochen lassen. Mit dem Mixstab schaumig rühren. Wenn nötig etwas mit Maizena (Kartoffelstärke) eindicken und abschmecken. Mit Weißbrotwürfeln und Kresse servieren.

Obststrudel

Zutaten (10 Personen)
4 Blätterteigrollen Fülle: pro Strudel ca. 400 g: | 1500 g Obst (Äpfel, Birnen, Weintrauben, je nach Saison) | 100 g Dörrpflaumen (klein geschnitten) | 200 g Brösel | etwas Butter | Vollwertzucker | Zitronensaft (von 1 Zitrone) | Zimt

Zutaten (4 Personen)
2 Blätterteigrollen Fülle: | 600 g Obst (Äpfel, Birnen, Weintrauben, je nach Saison) | 40 g Dörrpflaumen | 80 g Brösel | etwas Butter | Vollwertzucker | Zitronensaft (von ½ Zitrone) | Zimt

Zubereitung
Teige ausrollen. Das Obst zerkleinern, mit Dörrpflaumen, Zucker, Zimt und Zitronensaft vermengen. Brösel mit Butter kurz rösten und in den Strudel einstreichen, das Obst verteilen und die Strudel zusammenrollen. Mit Ei bepinseln und bei 180° C ca. 30 Minuten backen.

Vanillecreme

Zutaten (10 Personen)

1 l Milch | 2 Pkg. Vanillepudding | 1 Becher Obers

Zutaten (4 Personen)

¼ l Milch | 1 Pkg. Vanillepudding | 125 ml Becher Obers

Zubereitung

Von der Milch einen Pudding nach Anleitung zubereiten und unterrühren. Wenn er etwas abgekühlt ist, die Sahne darunter rühren.

Früchtetee

Klare Krautsuppe Balkan · Fischstrudel mit Schnittlauchsauce · Zucchinisalat · Cappy gespritzt

Klare Krautsuppe Balkan

Zutaten (10 Personen)

200 g magere Speckwürfel | 2 Zwiebeln | 1000 g Weißkraut | Salz | gemahlener Kümmel | 1 TL Paprika mild | etwas Zucker | Schuss Essig | 5 Tomaten | 1 Paprikaschote | 2 große Erdäpfeln | 1,5 l Suppe (pflanzlich) | frischer Schnittlauch

Zutaten (4 Personen)

80 g magere Speckwürfel | 1 Zwiebel | 400 g Weißkraut | Salz | gemahlener Kümmel | Prise Paprika | etwas Zucker | Schuss Essig | 2 Tomaten | ½ Paprikaschote | 1 Kartoffel | ¾ l Suppe (pflanzlich) | frischer Schnittlauch

Zubereitung

Speck im Suppentopf anrösten, ebenso klein geschnittene Zwiebeln und das fein geschnittene Kraut.
Die geschälten Tomaten (Tomaten kreuzförmig einschneiden und in heißes Wasser legen, die Haut geht leichter ab) in Würfel schneiden. Den Paprika nudelig schneiden, die grob geriebenen Erdäpfeln dazu geben, durchmengen und mit der Suppe aufgießen.
Leicht kochen, bis das Kraut weich ist. Würzen und Schnittlauch darüber streuen.

Fischstrudel

Zutaten (10 Personen)

4 Stück fertiger Blätterteig | 1600 g Zander oder Forellenfilet (ohne Gräten) | Rosmarin | Salz | Pfeffer | etwas Knoblauch | Zitronensaft | 3 Dotter | 3 Eiklar | 80 g Weißbrotbrösel | Butter zum Bestreichen

Zutaten (4 Personen)

2 Stück fertiger Bätterteig | 650 g Zander oder Forellenfilet (ohne Gräten) | Rosmarin | Salz | Pfeffer | etwas Knoblauch | Zitronensaft | 1 Dotter | 1 Eiklar | 30 g Weißbrotbrösel | Butter zum Bestreichen

Zubereitung

Den Fisch faschieren, mit Salz, Pfeffer, Knoblauch und Rosmarin würzen. Das Eiklar zu steifem Schnee schlagen und mit den Dottern und Bröseln unter die Fischmasse heben. Die Fülle in den fertigen (oder selbst gemachten) Teig einstreichen und zusammenrollen. Mit Butter bestreichen und bei 180° C ca. 30 Minuten backen.

Schnittlauchsauce

Rezept siehe Seite 200.

Zucchinisalat

Zutaten (10 Personen)

Ca. 1000 g Zucchini | 1 Karotte | **Joghurtdressing:** 1 Becher Magerjoghurt | Saft einer Zitrone | 4 EL Rapsöl | Salz | Petersilie | Schnittlauch | Dille

Zutaten (4 Personen)

Ca. 400 g Zucchini | 1 kleine Karotte | **Joghurtdressing:** ½ Becher Magerjoghurt | Saft ½ Zitrone | 2 EL Rapsöl | Salz | Petersilie | Schnittlauch | Dille

Zubereitung

Die Zucchinis und die Karotten waschen und ungeschält stifteln. Für das Dressing alle Zutaten gut miteinander vermengen. Dressing über das Gemüse geben und mit fein geschnittenen Kräutern verfeinern.

Cappy gespritzt

Tipp:

Kräuter immer erst vor dem Servieren über Speisen streuen. Sie sollen nicht erhitzt werden. Durch zu große Hitze beim Kochen gehen viele Vitalstoffe verloren.

Hühner-Suppentopf · Topfenstrudel mit Marillen auf Heidelbeermus · Heiße Schokolade

Hühner-Suppentopf

Zutaten (10 Personen)
2,5 l Wasser | ½ zerteiltes Suppenhuhn | 2 Karotten | 1 Sellerie | Salz | Pfeffer | Suppenwürfel (pflanzlich) | Maggikraut | 250 g Suppennudeln | frischer Schnittlauch

Zutaten (4 Personen)
750 ml Liter Wasser | 1 großes Hühnerbein | 1 Karotte | ½ Sellerie | Salz | Pfeffer | Suppenwürfel (pflanzlich) | Maggikraut | 100 g Suppennudeln | frischer Schnittlauch

Zubereitung
Das Huhn mitsamt den Knochen mit dem Suppengemüse etwa 1½ Stunden im Wasser kochen. Fleisch und Gemüse heraus geben, nach dem Entfernen der Knochen in kleine Würfel schneiden und in die abgeseihte Suppe geben. Die Suppennudeln extra in Salzwasser kochen, abseihen und in die fertige Suppe geben, würzen. Kräuter darüber streuen.

Topfenstrudel

Zutaten (10 Personen)
4 Rollen Blätterteig | 500 g Topfen (mager) |120 g Butter | 80 g Zucker | Salz | Zitronenschale | 6 Dotter | 6 Eiklar | 6 Semmeln | etwas Milch | ¼ l Obers | 100 g Rosinen | 500 g Marillen geviertelt | 80 g Vollwertzucker | Ei zum Bestreichen

Zutaten (4 Personen)
2 Rollen Blätterteig | 200 g Topfen (mager) | 50 g Butter | 30 g Zucker | Salz | etwas Zitronschale | 2 Dotter | 2 Eiklar | 2 Semmeln | etwas Milch | 125 ml Obers | 40 g Rosinen | 200 g Marillen geviertelt | 30 g Vollwertzucker | Ei zum Bestreichen

Zubereitung
Die Butter schaumig rühren, Zucker, Salz, Zitronenschale und Dotter dazu rühren, dann den Topfen dazu geben. Die in Milch eingeweichten Semmeln ausdrücken und zerkleinert hinzu fügen. Noch einmal gut durchrühren. Geschlagenes Obers und Rosinen vorsichtig einarbeiten. Eiklar und Zucker zu steifem Schnee schlagen und unterheben. Die Marillenstücke zuletzt unterrühren. Den Teig ausrollen und die Fülle in der Mitte auftragen. Eine Seite mit Ei bestreichen und beide Seiten übereinander klappen. Restliches Ei zum Einstreichen der Strudeln verwenden.
Im Rohr bei 175° C ca. 30 bis 40 Minuten backen.

Heidelbeermus

Zutaten (10 Personen)
1000 g frische oder gefrorene Heidelbeeren | Zucker nach Bedarf.

Zutaten (4 Personen)
400 g frische oder gefrorene Heidelbeeren | Zucker nach Bedarf.

Zubereitung
Die Heidelbeeren pürieren und Zucker dazu geben.

Heiße Schokolade als Getränk

Eintropfsuppe · Süßer Knödeltraum auf verschiedenem Mus z. B. Pfirsich oder Erdbeere · Kakao

Eintropfsuppe

Zutaten (10 Personen)
Einlage: 2 ganze Eier | Prise Salz | etwas Weizenmehl (glatt)

Zutaten (4 Personen)
Einlage: 1 Ei | Prise Salz | etwas Weizenmehl (glatt)

Zubereitung
Klare Suppe zubereiten Rezept, siehe Seite 22.
Für Eintropf rührt man die Zutaten in einem engen Gefäß gut durch, sodass ein dünnflüssiger Teig entsteht, den man in einem dünnen Strahl in die klare Suppe einlaufen lässt. Das gekochte Gemüse der Suppe kleinwürfelig schneiden und ebenfalls in die Suppe geben. Mit frischem Schnittlauch bestreuen.

Süßer Knödeltraum

Zutaten (10 Personen)
200 g griffiges Mehl | 500 g Magertopfen | 160 g Butter | 2 Eier | 4 Dotter | 2 EL Staubzucker | 3 EL Semmelbrösel | etwas Salz | geriebene Zitronenschale | 2 Pkg. Vanillezucker | 20 reife Pfirsiche

Zutaten (4 Personen)
100 g griffiges Mehl | 250 g Magertopfen | 80 g Butter | 1 Ei | 2 Dotter | 1 EL Staubzucker | 1 EL Semmelbrösel | etwas Salz | geriebene Zitronenschale | 1 Pkg. Vanillezucker | 8 reife Pfirsiche

Zubereitung
Topfen mit den anderen Zutaten zu einem Teig verkneten. Zu einer Rolle formen und etwas rasten lassen. Mit der Teigkarte 20 (bzw. 8) Stücke herunter stechen. Die Pfirsiche in den Teig einarbeiten; fest andrücken. In siedendem Wasser eher ziehen als kochen lassen. Danach mit der Schaumkelle herausnehmen und in Bröseln wälzen.

Brösel

Zutaten
250 g Butter | 200 g Semmelbrösel (oder ½ Brösel, ½ Nüsse) | 2 EL Kristallzucker | etwas Zimt

Erdbeermus

Zutaten (10 Personen)

2000 g Erdbeeren | etwas Zitronensaft | 1 Zimtstange | etwas Vollrohrzucker

Zutaten (4 Personen)

400 g Erdbeeren | etwas Zitronensaft | 1 Zimtstange | etwas Vollrohrzucker

Zubereitung

Das Wasser mit dem Zitronensaft aufkochen, die Zimtstange dazu geben. Die Erdbeeren klein schneiden und kurz mitkochen. Die Zimtstange herausgeben, das Kompott mit wenig Flüssigkeit pürieren und nach Belieben zuckern.

Kakao als Getränk

Putenknödel mit Specksauerkraut | Marillenkompott | Fruchtsaft

Putenknödel aus Erdäpfelteig

Zutaten Fülle (10 Personen = 40 Knödel a 50 g)
1500 g Wurst (Putenkrakauer) | 500 g gemischtes Gemüse | Salz | Pfeffer | Knoblauch | Kräuter | etwas Majoran

Zutaten Fülle (4 Personen = 16 Knödel a 50 g)
600 g Wurst (Putenkrakauer) | 200 g gemischtes Gemüse | Salz | Pfeffer | Knoblauch | Kräuter | etwas Majoran

Zubereitung
Das gedämpfte Gemüse und die Wurst faschieren, mit Salz, Pfeffer, Knoblauch, Kräutern und Majoran würzen und gut vermengen; Knödel formen.

Erdäpfelteig

Zutaten (10 Personen)
500 g mehlige Kartoffeln, am Vortag gekocht | 400 g griffiges Mehl | 100 g feiner Grieß | Salz | Muskat | 3 bis 4 Eier

Zutaten (4 Personen)
200 g mehlige Kartoffeln, am Vortag gekocht | 160 g griffiges Mehl | 40 g feiner Grieß | Salz | Muskat | 2 Eier

Zubereitung
Die geschälten Kartoffeln fein reiben, alle Zutaten miteinander verkneten und eine Rolle formen. Mit der Teigkarte kleine Scheiben abstechen. Die Wurstknödel mit Kartoffelteig überziehen, gut andrücken und ca. 10 Minuten in reichlich siedendem Salzwasser kochen, bis sie sich an der Oberfläche drehen.

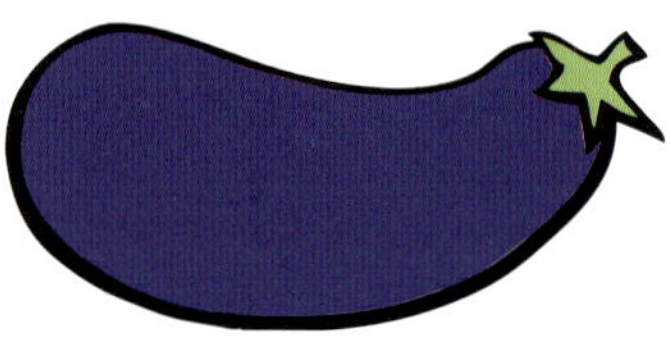

Specksauerkraut

Zutaten (10 Personen)
2000 g Sauerkraut | ca. ½ Liter Wasser | Salz und Suppenwürze (pflanzlich) | 2 Lorbeerblätter | 100 g Speck durchzogen (in Würfel geschnitten)

Zutaten (4 Personen)
800 g Sauerkraut | ca. ¼ Liter Wasser | Salz | Suppenwürze (pflanzlich) | 1 Lorbeerblatt | 50 g Speck durchzogen (in Würfel geschnitten)

Zubereitung
Das Kraut mit Wasser (dass es leicht bedeckt ist) und den Gewürzen weich kochen. Mit gerösteten Speckwürfeln abschmelzen. Gut durchmengen und etwas ziehen lassen.

Marillenkompott

Zutaten (10 Personen)
1000 g Marillen (frisch oder gefroren) | ½ Liter Wasser | etwas Vollwertzucker | 1 Zimtstange

Zutaten (4 Personen)
400 g Marillen (frisch oder gefroren) | ¼ Liter Wasser | etwas Vollwertzucker | ½ Zimtstange

Zubereitung
Die Marillen waschen, entkernen, in Spalten schneiden und in etwas gesüßtem Wasser mit einer Zimtstange 5 Minuten leicht kochen.

Fruchtsaft aus Konzentrat bereiten

Käsnockerlsuppe

Zutaten (10 Personen)
2 Karotten | ½ Sellerieknolle | 2 kleine Petersilienwurzeln | 2 kleine Kohlrabi | 40 g Butter | 2 ½ l Fertigsuppe (pflanzlich) | Salz | Pfeffer | frische Kräuter

Zutaten (4 Personen)
1 Karotte | ¼ Sellerieknolle | 1 Petersilienwurzel | 1 kleiner Kohlrabi | 20 g Butter | 1 l Fertigsuppe (pflanzlich) | Salz | Pfeffer | frische Kräuter

Zubereitung
Das gewaschene Gemüse grob raspeln, in Butter etwas anrösten und mit Suppe aufgießen. Weich kochen und würzen.

Zutaten (Nockerl - 10 Personen)
100 g Butter | 2 Eier | 100 g Schinken | 50 g Edamer | 8 EL Semmelbrösel | Salz | Pfeffer | Muskat

Zutaten (Nockerl - 4 Personen)
40 g Butter | 1 Ei | 40 g Schinken | 20 g Edamer | 3 EL Semmelbrösel | Salz | Pfeffer | Muskat

Zubereitung
Die Butter schaumig rühren, Ei und Gewürze dazu geben. Dann fein geriebenen Käse und Brösel darunter mengen. Kleinwürfelig geschnittenen Schinken dazu geben; etwas rasten lassen. Mit einem Kaffeelöffel Nockerln formen und in der Suppe ziehen lassen. Mit Kräutern bestreuen, fertig abschmecken.

Erdbeerknödel

Zutaten (10 Personen)
200 g griffiges Mehl | 500 g Magertopfen | 160 g Butter | 2 Eier | 4 Dotter | 2 EL Staubzucker | frische Erdbeeren (oder gefrorene) | etwas Salz | geriebene Zitronenschale | 2 Pkg. Vanillezucker | **Brösel:** 100 g Butter | 3 EL Brösel | 3 EL Nüsse | 3 EL Zucker

Zutaten (4 Personen)
100 g griffiges Mehl | 250 g Magertopfen | 80 g Butter | 1 Ei | 2 Dotter | 1 EL Staubzucker | frische Erdbeeren (oder gefrorene) | etwas Salz | geriebene Zitronenschale | 1 Pkg. Vanillezucker | **Brösel:** 100 g Butter | 2 EL Brösel | 2 EL Nüsse | 2 EL Zucker

Zubereitung
Die Butter schaumig rühren, Topfen dazu geben, Eier und Dotter nach und nach dazu rühren, Zucker, Salz, Zitronenschale beimengen und zum Schluss das Mehl unterrühren. ½ Stunde rasten lassen, eine Rolle formen und mit der Teigkarte kleine Scheibchen abstechen. Frische oder gefrorene Erdbeeren in den Teig einarbeiten, in Salzwasser kurz kochen, in Butterbrösel mit Zimt und Zucker wälzen.

Marillenmus

Zutaten (10 Personen)
1500 g frische Marillen (oder gefrorene) | etwas Vollwertzucker

Zutaten (4 Personen)
600 g frische Marillen (oder gefrorene) | etwas Vollwertzucker

Zubereitung
Frische entsteinte Marillen mit Mixstab pürieren und zuckern. Gefrorene Marillen dämpfen, nach ca.10 Minuten abseihen, pürieren, süßen.

Milch

Tiroler Knödel mit Steiermarker Kraut | Fruchtjoghurt | Himbeersaft

Tiroler Knödel

Zutaten (10 Personen)
500 g Knödelbrot | etwas Dinkelmehl | 1 Zwiebel | 6 Eier | 200 ml Milch | 200 g Wurst (Braunschweiger) | 100 g magerer Speck | Salz | Petersilie

Zutaten (4 Personen)
200 g Knödelbrot | etwas Dinkelmehl | ½ Zwiebel | 3 Eier | 100 ml Milch | 80 g Wurst (Braunschweiger) | 40 g magerer Speck | Salz | Petersilie

Zubereitung
Zwiebel schälen, klein schneiden und in etwas Rapsöl anrösten. Über die Semmelwürfel geben, salzen, kleingehackte Petersilie beifügen. Milch etwas erwärmen, darüber gießen und die Masse durchmischen. Wurst und Speck kleinwürfelig schneiden und einarbeiten. Etwas Mehl darunter mengen, rasten lassen. Knödel formen (bei größerer Gruppe Rolle formen und in Klarsichtfolie einwickeln). In Salzwasser ca.10 Minuten kochen (oder im Kombidämpfer ca ½ Stunde dämpfen).
Gulaschsaft schmeckt sehr gut dazu.

Steiermarker Kraut

Zutaten (10 Personen)
2000 g Weißkraut | 1 Liter Fertigsuppe (pflanzlich) | 100 g Speckwürfel | Salz | gemahlener Kümmel | 2 EL Mehl | Olivenöl

Zutaten (4 Personen)
800 g Weißkraut | ½ Liter Fertigsuppe (pflanzlich) | 40 g Speckwürfel | Salz | gemahlener Kümmel | 1 EL Mehl | Olivenöl

Zubereitung
Das Weißkraut streifig schneiden, in Olivenöl anrösten, die Speckwürfel mitrösten. Mit der Suppe aufgießen und weich dünsten. Salz und gemahlenen Kümmel dazu geben, mit Mehl stauben, fertig abschmecken.

Fruchtjoghurt

Zutaten (10 Personen)
2 l Joghurt | 500 g Früchte (entweder Pfirsiche oder Erdbeeren, Waldbeeren) | Vollwertzucker

Zutaten (4 Personen)
0,8 l Joghurt | 200 g Früchte (entweder Pfirsiche oder Erdbeeren, Waldbeeren) | Vollwertzucker

Zubereitung
Das Joghurt mit Früchten nach Wahl vermengen, mit den Mixstab pürieren. Mit Vollzucker süßen.

Himbeersaft

Tipp:
Einfache Knödel werden zum „Serviettenknödel", den man aufschneiden kann, wenn man sie zu Rollen formt, in Klarsichtfolien wickelt und erst dann kocht.

Rezepte Register

Rezepte Register

Übersetzung österreichischer Küchenbegriffe

Österreichisch	Deutsch
Brösel	Paniermehl
Eidotter	Eigelb
Eiklar	Eiweiß
Einbrenn	braune Mehlschwitze
Einmach	helle Mehlschwitze
Erdäpfel	Kartoffeln
Faschiertes	Hackfleisch
Fisolen	grüne Bohnen
Fleckerl	kleine Quadrate aus Nudelteig
Frankfurter	Wiener Würstchen
Frittaten	in Streifen geschnittene Pfannkuchen
Germ	Hefe
Guglhupf	Napfkuchen
Heidelbeeren	Blaubeeren
Holler	Holunder
Karfiol	Blumenkohl
Karotte	Mohrrübe
Kipferl	Hörnchen
Knödel	Kloß
Knödelbrot	in Würfel geschnittene Brötchen
Kohl	Wirsing
Krapfen	in Fett herausgebackenes Hefegebäck
Kraut	Weißkohl
Kren	Meerrettich
Maggikraut	Liebstöckel
Maizena	Maisstärke
Marille	Aprikose
Marmelade	Konfitüre
Mehlspeise	Dessert und Süßspeisen

Österreichisch	Deutsch
Nockerln	Spätzle
Obers	süße Sahne
Ochsenschlepp	Ochsenschwanz
Palatschinken	Eierkuchen, Pfannkuchen
Pofesen	gefüllte, in Fett herausgebackene Weißbrotschnitten
Polenta	Maisgrieß
Porree	Lauch
Powidl	Pflaumenkonfitüre
Ribisel	Johannisbeere
Röster	gedünstetes Obst
Rote Rübe	Rote Bete
Rotkraut	Rotkohl
Sauerkraut	Sauerkohl
Sauerrahm	saure Sahne
Schlagobers	süße Sahne
Schmalz	ausgelassenes Fett
Schöberl	Suppeneinlage aus Biskuitteig
Selchspeck	geräucherter Speck
Semmeln	Brötchen
Semmelbrösel	Paniermehl
Staubzucker	Puderzucker
Topfen	Quark
versprudeln	mit einer Schneerute verrühren
Vogerlsalat	Feldsalat
Weißkraut	Weißkohl
Wurzelwerk	Suppengemüse
Zwetschke	Pflaume

„Grüne Smoothies“ sind eine Revolution. Salate, Kräuter und Blattgemüse werden mit etwas Obst oder Milch im Mixer fein zerkleinert und als grasgrüne Pflanzennahrung getrunken. Das Mixen hat einen wunderbaren Effekt: Es „knackt“ die stabilen Zellen des „Grünzeugs“. Damit die wertvollen Nährstoffe für uns Menschen verfügbar sind, müssen die Zellwände aufgebrochen sein. Gemüse-Smoothies sind einfach zuzubereiten und können äußerst wohlschmeckend sein. So decken auch jene Erwachsenen und Kinder, die normalerweise um Salat und Gemüse einen weiten Bogen machen, ihren täglichen Vitalstoff-Bedarf.

Siegrid Hirsch

Die besten Gemüse- & Kräutersmoothies

128 Seiten, Fadenheftung, viele Rezepte und Tipps für einfachste Zubereitung und optimale Gemüse-,
Kräuter- und Obstpartner.

ISBN978-3-902540-92-8
€ 12,90